Dr. Oetker
Studentenfutter

LOW BUDGET

Dr. Oetker
Studentenfutter

LOW BUDGET

Dr. Oetker Verlag

Vorwort

Riesenloch im Bauch und Flaute im Portemonnaie? Dabei wenig Lust auf große Kochorgien und den nervigen Abwasch danach? Mit maximalem Genuss bei minimalen Kosten, wenig Aufwand und Geschirr schaffen unsere über 40 Rezepte garantiert Abhilfe. Gerichte wie Käsebrot aus dem Ofen, Putenröllchen mit Pilzsauce oder Spaghetti aglio olio punkten mit wenigen und günstigen Zutaten und lassen sich ohne Profikenntnisse und lange Küchenarbeit realisieren.

Lust auf ein bisschen Zu-Hause-Gefühl? Dann einfach den Graupen-Wirsing-Eintopf kochen oder Käsespätzle in der Pfanne schön kross bräunen – schmeckt so gut wie bei Mutti. Aber auch trendige Gerichte wie das

Linsencurry mit Blattspinat, der Trauben-Apfel-Salat mit Kapern oder die Tortillahäppchen sind unkompliziert, bezahlbar und *die* clevere Alternative zur Mensa. Natürlich ist auch für süße Momente gesorgt.

Wir haben alle Rezepte als Hauptgerichte für 1–2 Personen berechnet. Sie machen ordentlich satt und kosten dabei pro Portion weniger als 3 Euro* – viele liegen sogar weit darunter. Kein Problem also auch bei extremen finanziellen Engpässen, vor allem am gefürchteten Monatsende.

*Die Kosten pro Portion ergeben sich aus Durchschnittspreisen, die wir von Discountern und Supermärkten ermittelt haben. Sie können je nach Saison und aktueller Marktlage schwanken.

GEHACKTE TOMATEN

Sonnenm...

Milchreis
RUNDKORN SPITZENREIS

Natural
Red
Lentils
Kırmızı
Mercimek
•Lentille Rouge
•Rode Linzen
•Rote Linsen
•Röda Linser
عدس أحمر
NET WT: 31.74 OZ 900 g.

Ratgeber
Mit kleinem Budget zu großem Genuss

Abkürzungen

EL	=	Esslöffel
TL	=	Teelöffel
Msp.	=	Messerspitze
Pck.	=	Packung/Päckchen
g	=	Gramm
kg	=	Kilogramm
ml	=	Milliliter
l	=	Liter
evtl.	=	eventuell
geh.	=	gehäuft
gem.	=	gemahlen
ger.	=	gerieben
gestr.	=	gestrichen
TK	=	Tiefkühlprodukt
°C	=	Grad Celsius
Ø	=	Durchmesser

Kalorien-/Nährwert-angaben

E	=	Eiweiß
F	=	Fett
Kh	=	Kohlenhydrate
kJ	=	Kilojoule
kcal	=	Kilokalorien
BE	=	Broteinheiten

Bei den Nährwertangaben in den Rezepten handelt es sich um auf- bzw. abgerundete ganze Werte. Broteinheiten sind mit einer Stelle nach dem Komma angegeben. Aufgrund von ständigen Rohstoffschwankungen und/oder Rezepturveränderungen bei Lebensmitteln, kann es zu Abweichungen kommen. Die Nährwertangaben dienen daher lediglich Ihrer Orientierung und eignen sich nur bedingt für die Berechnung eines Diätplans, zum Beispiel bei Krankheiten wie Diabetes. Bei krankheitsbedingten Diäten richten Sie sich daher bitte nach den Anweisungen Ihres Diätassistenten bzw. Ihres Arztes.

BAföG-freundlich Einkaufen

- **Preise vergleichen lohnt sich!** Das gleiche Produkt gibt es von einem anderen Hersteller oder als No-name-Artikel oft deutlich günstiger. Dabei immer auch auf die Packungsgröße achten: Ist der Grundpreis je 100 Gramm bei einer Großpackung wirklich niedriger als bei der kleinen? Und vor allem: Braucht man die Großpackung wirklich auf?
- **Angebote der Supermärkte beachten:** Hier findet sich sicher das eine oder andere günstige Angebot, das genau zum Speiseplan passt.
- **Einkaufszettel schreiben:** Vorausschauend planen, was es in der Woche geben soll und dabei auch die Vorräte checken, vor allem die, die schnell verbraucht werden müssen. Alles aufschreiben, auch das, was während der Woche aufgebraucht werden könnte.
- **Wer hungrig einkauft, gibt mehr aus!** Verführungen widersteht man leichter, wenn man satt ist.
- **Frisches Obst- und Gemüse** dann kaufen, wenn es bei uns Saison hat. Bei regionalen Produkten entfallen lange Transportwege. Die Ware ist meist nicht nur frischer, sondern auch preiswerter. Ist die jeweilige Saison vorbei, dann auf günstige TK-Produkte ausweichen.

Energie sparen = Geld sparen

- **Topfgröße = Herdplattengröße = Energie sparen!** Denn ein kleiner Topf auf einer größeren Kochstelle verbraucht unnötig Energie und Wärme geht verloren. Umgekehrt wird mit einem großen Topf auf einer kleinen Kochstelle das Ankochen unnötig verlängert, da keine schnelle Wärmeübertragung erfolgen kann.
- Möglichst **nicht ohne Deckel kochen** – das verlängert nicht nur die Garzeit, sondern kostet vor allem Bares! Ausnahme: Nudeln immer offen kochen.
- Das Wasser, z. B. für Nudeln, mit dem Wasserkocher statt auf dem Herd zum Kochen bringen. So spart man nicht nur Energiekosten, sondern auch Zeit. Den Herd erst kurz bevor das Wasser im Kocher siedet anschalten, den Topf auf die Kochstelle stellen und das Wasser in den Topf umgießen.
- Zum **Garen von Kartoffeln** nur soviel Wasser zugeben, dass die Kartoffeln knapp mit Wasser bedeckt sind. Für Gemüse nur so viel Wasser nehmen, dass es 3–4 cm hoch im Topf steht. Weiterer Vorteil hier: Die Zubereitung ist so auch vitamin- und nährstoffschonender.

- Die Kochstelle erst einschalten, wenn der Topf (mit Inhalt) daraufsteht. Nach dem Ankochen auf dem Elektroherd die Hitze so reduzieren, dass es gerade eben weiterkocht.
- **Restwärme nutzen!** Fast immer können Backofen oder Kochstelle schon 5 Minuten früher ausgeschaltet werden, ohne dass das Ergebnis darunter leidet.
- Jedes Öffnen von Topf- oder Pfannendeckel oder Backofentür kostet Wärme und somit Energie.
- Die Gebrauchsanweisung des Backofens daraufhin checken, in welchen Fällen auf Vorheizen verzichtet werden kann.

An morgen denken

- Kartoffeln gleich für 2 Tage kochen: Am ersten Tag Salzkartoffeln genießen und am nächsten werden daraus Bratkartoffeln oder ein leckerer Kartoffelsalat.
- Reis und Nudeln können gleich in größeren Portionen vorgekocht und abgedeckt im Kühlschrank aufbewahrt werden.
- Bohnen sind an einem Tag leckere Gemüsebeilage, am nächsten schmecken sie im Eintopf oder als leckerer Bohnensalat.
- TK-Produkte wie Fisch oder Fleisch, die aufgetaut verwendet werden, bereits am Vortag in den Kühlschrank legen, so tauen sie schonend auf.

Hinweise zu den Rezepten

Lesen Sie vor der Zubereitung – besser noch vor dem Einkaufen – das Rezept einmal vollständig durch. Oft werden Arbeitsabläufe oder -zusammenhänge dann klarer. Die Zubereitungszeit beinhaltet nur die Zeit für die eigentliche Zubereitung. Längere Wartezeiten wie z. B. Kühlzeiten sind nicht mit einbezogen. Die Backzeiten sind ebenfalls im Rezept angegeben. Die in den Rezepten angegebenen Backtemperaturen und -zeiten sind Richtwerte, die je nach individueller Hitzeleistung des Backofens über- oder unterschritten werden können. Bitte beachten Sie deshalb bei der Einstellung des Backofens die Gebrauchsanweisung des Herstellers.

Zubereitung:

1. Kartoffeln pellen, in Würfel schneiden und in eine große Schüssel geben. Gurken in dünne Scheiben schneiden und zu den Kartoffelwürfeln geben.

2. Fleischsalat mit etwas Gurkenflüssigkeit verrühren und untermischen. Den Kartoffelsalat mit Salz, Pfeffer und Zucker abschmecken.

3. Die Eier pellen und in Achtel schneiden. Einige Achtel zum Garnieren beiseitelegen. Die restlichen Eierachtel vorsichtig unter den Salat heben. Den Salat zugedeckt im Kühlschrank etwas durchziehen lassen.

4. Den Salat evtl. nochmals mit Salz, Pfeffer, Zucker und etwas Gurkenflüssigkeit abschmecken. Den Kartoffelsalat mit den beiseitegelegten Eierachteln garnieren und genießen.

Dazu passen:

Wiener Würstchen – ganz klassisch und kostengünstig (125 g, pro Portion etwa 1,05 Euro). Oder lieber eine Bratwurst? Dann etwa 1,65 Euro pro Wurst einplanen.

Zutaten:

375 g gegarte Pellkartoffeln
2 abgetropfte Gewürzgurken (aus dem Glas)
200 g fertiger Fleischsalat (aus dem Kühlregal)
etwas Gurkenflüssigkeit
Salz
gem. Pfeffer
1 Prise Zucker
2 hart gekochte Eier

Pro Portion:
E: 15 g, F: 41 g, Kh: 32 g,
kJ: 2390, kcal: 567, BE: 2,5

Schneller Kartoffelsalat

... aus übriggebliebenen Pellkartoffeln

Dauert etwa 15 Minuten, ohne Durchziehzeit,
für 2 Personen.

Pro Portion etwa

Wurst-Käse-Salat
Schön deftig & supereinfach

Dauert etwa 20 Minuten, ohne Durchziehzeit,
für 2 Personen.

Pro Portion etwa

1 €

20 CENT

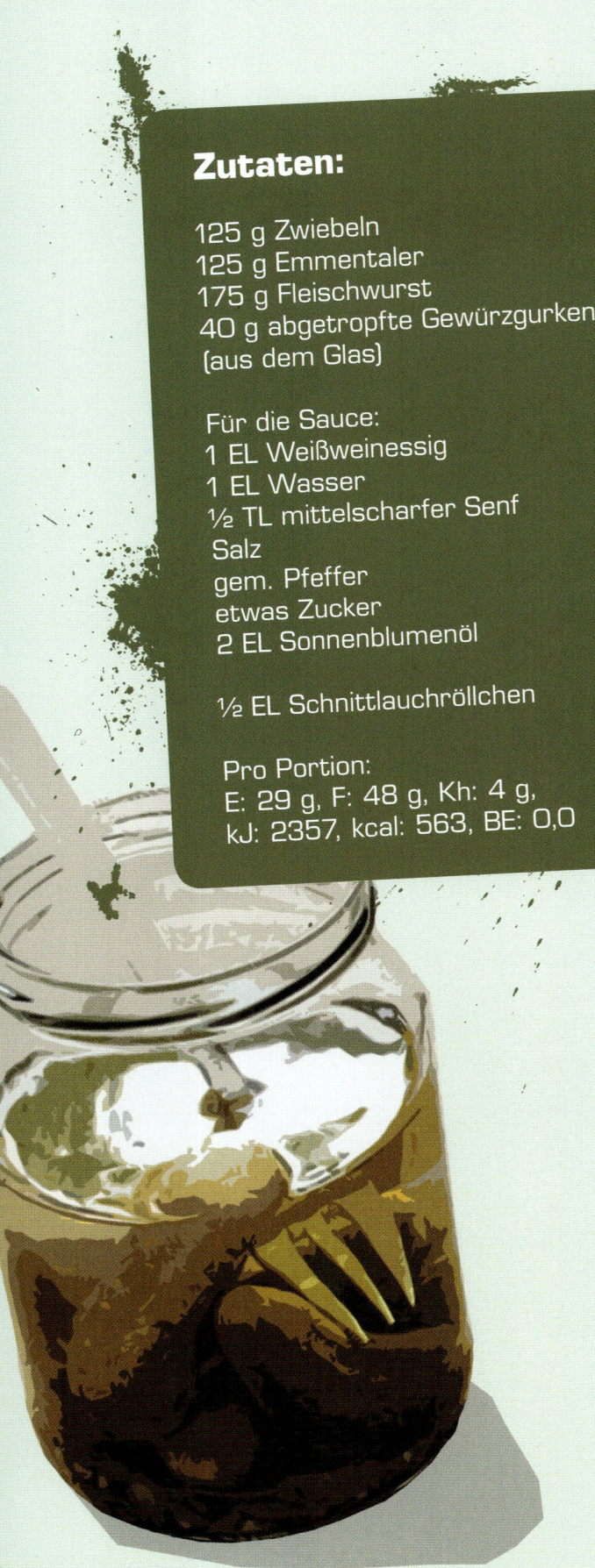

Zutaten:

125 g Zwiebeln
125 g Emmentaler
175 g Fleischwurst
40 g abgetropfte Gewürzgurken
(aus dem Glas)

Für die Sauce:
1 EL Weißweinessig
1 EL Wasser
½ TL mittelscharfer Senf
Salz
gem. Pfeffer
etwas Zucker
2 EL Sonnenblumenöl

½ EL Schnittlauchröllchen

Pro Portion:
E: 29 g, F: 48 g, Kh: 4 g,
kJ: 2357, kcal: 563, BE: 0,0

Zubereitung:

1. Die Zwiebeln abziehen und zunächst in Scheiben schneiden, dann in Ringe teilen. Die Zwiebelringe in kochendes Wasser geben, etwa 2 Minuten kochen, dann in ein Sieb geben und abtropfen lassen.

2. Emmentaler entrinden und in Streifen schneiden. Die Fleischwurst enthäuten. Fleischwurst und Gewürzgurken in Scheiben schneiden.

3. Für die Sauce Essig mit Wasser, Senf, Salz, Pfeffer und Zucker verrühren. Das Sonnenblumenöl unterschlagen. Die Salatzutaten mit der Sauce vermengen. Den Salat etwa 1 Stunde durchziehen lassen, dann mit Schnittlauchröllchen bestreut servieren.

Tipp: Um gut satt zu werden, noch etwas Baguette (150 g, etwa 0,40 Euro) dazu essen. Der Salat ist auch ein prima WG-Party-Rezept. Je nach Größe der Party lassen sich die Zutaten einfach verdrei-, vervierfachen ...

Oder auf „Zigeuner Art":

Für einen **Wurstsalat „Zigeuner Art"** (pro Portion etwa 1,00 Euro) 175 g Fleischwurst enthäuten und in Streifen schneiden. 1 kleine Zwiebel abziehen und fein würfeln. 2 Gewürzgurken in Streifen schneiden. 2 Tomaten abspülen, abtrocknen, vierteln und die Stängelansätze herausschneiden. Tomaten in Stücke schneiden. Die vorbereiteten Zutaten mit etwa 90 g abgetropften Perlzwiebeln (aus dem Glas) in einer Schüssel mischen. 1–2 Esslöffel Tomatenketchup vorsichtig unterheben. Den Salat mit etwas Gurkenflüssigkeit, Tabasco, Salz, Pfeffer und Paprikapulver edelsüß würzen. Den Salat zugedeckt und kalt gestellt etwas durchziehen lassen.

Bohnensalat
Schöner, bunter Frischekick

Dauert etwa 25 Minuten, ohne Durchziehzeit,
für 2 Portionen.

Zutaten:

125 g abgetropfte Kidney-Bohnen
(aus der Dose)
125 g abgetropfte weiße Bohnen
(aus der Dose)
70 g abgetropfter Gemüsemais
(aus der Dose)
1 kleine grüne Paprikaschote
(etwa 150 g)
100 g Tomaten
1 kleine rote Zwiebel
50 g Frischkäse mit Joghurt (13 % Fett)
50 ml Milch (3,5 % Fett)
1–2 EL Limetten- oder Zitronensaft
Salz
gem. Pfeffer

Außerdem:
einige Blätter Eisbergsalat zum Auslegen der Schüssel (etwa 60 g)

Pro Portion:
E: 17 g, F: 6 g, Kh: 31 g,
kJ: 1047, kcal: 250, BE: 2,5

Zubereitung:

1. Kidney-Bohnen, weiße Bohnen und Gemüsemais in einem Sieb mit kaltem Wasser abspülen und gut abtropfen lassen.

2. Paprikaschote halbieren, entstielen, entkernen und die weißen Scheidewände entfernen. Schotenhälften abspülen, abtropfen lassen und in Würfel schneiden. Die Tomaten abspülen, abtrocknen, halbieren und die Stängelansätze herausschneiden. Tomaten in dünne Scheiben schneiden. Zwiebel abziehen, halbieren, zunächst in feine Scheiben schneiden, dann in Ringe teilen.

3. Den Frischkäse mit der Milch und ½ Esslöffel von dem Limetten- oder Zitronensaft in einen hohen Rührbecher geben und mit einem Mixer (Rührstäbe) verrühren. Die Sauce mit Salz, Pfeffer und nach Belieben mit etwas Limetten- oder Zitronensaft würzen. Die Sauce mit der Bohnen-Paprika-Mischung vermischen. Den Salat zugedeckt etwa 1 Stunde durchziehen lassen.

4. Die Salatblätter abspülen, gut abtropfen lassen oder trocken tupfen und eine Schüssel damit auslegen. Den Bohnensalat nochmals mit Limetten- oder Zitronensaft, Salz und Pfeffer abschmecken und darin anrichten.

Dazu passt:
Fladenbrot. Für 2 Personen ein halbes Fladenbrot einplanen. Das kostest pro Portion etwa 0,25 Euro.

Tipp:
Limettensaft schmeckt nicht ganz so säuerlich wie Zitronensaft.

Zutaten:

125 g Glasnudeln
3 Möhren (etwa 300 g)
1 ½ EL Speiseöl, z. B. Soja-,
Erdnuss- oder Rapsöl
1–2 Knoblauchzehen
140 g abgetropfter Gemüsemais
(aus der Dose)
3–4 EL Sojasauce
gem. Pfeffer
etwa ¼ TL gem. Ingwer

Pro Portion:
E: 6 g, F: 10 g, Kh: 71 g,
kJ: 1673, kcal: 399, BE: 6,0

Zubereitung:

1. Glasnudeln nach Packungsanleitung zubereiten. Anschließend in ein Sieb geben, mit kaltem Wasser abspülen und gut abtropfen lassen. Die Glasnudeln nach Belieben mit einer Küchenschere mehrmals in Stücke schneiden.

2. Die Möhren putzen, schälen, abspülen und abtropfen lassen. Möhren in dünne Stifte (etwa 5 cm lang) schneiden. Das Öl in einer großen Pfanne oder einem Wok erhitzen. Die Möhrenstifte darin bei mittlerer bis starker Hitze in 2–3 Minuten anbraten, dabei gelegentlich umrühren. Knoblauch abziehen und durch eine Knoblauchpresse zu den Möhren in die Pfanne drücken oder sehr fein hacken und in die Pfanne geben. Knoblauch etwa 2 Minuten mit anbraten, dabei ab und zu umrühren.

3. Den Gemüsemais in eine Schüssel geben. Das Möhrengemüse mit den Glasnudeln hinzufügen, die Zutaten gut vermischen. Den Glasnudel-Möhren-Salat mit 3 Esslöffeln Sojasauce sowie Pfeffer und Ingwer abschmecken. Den Salat zugedeckt etwa 1 Stunde kalt gestellt durchziehen lassen.

4. Den Glasnudel-Möhren-Salat vor dem Servieren nochmals mit der Sojasauce und den Gewürzen abschmecken.

Tipp:

Den Glasnudelsalat kann man auch lauwarm essen. Dann die Glasnudeln mit heißem Wasser abspülen. Glasnudeln mit dem warmen Möhrengemüse vermischen und abschmecken.

Zum Verschärfen …

… zusätzlich 1 rote oder grüne Chilischote halbieren, entstielen, entkernen, abspülen und trocken tupfen. Chili in feine Streifen schneiden, mit dem Knoblauch in den Wok geben und anbraten.

Wenn's grüner werden soll …

… einfach 2–3 Frühlingszwiebeln putzen, abspülen, abtropfen lassen und in feine Scheiben schneiden. Die Frühlingszwiebelscheiben entweder mit dem Knoblauch hinzufügen und kurz mit andünsten oder roh unter den Salat heben (zusätzlich pro Portion etwa 0,15 Euro).

Glasnudel-Möhren-Salat

Ein Hauch Asien

Dauert etwa 25 Minuten, ohne Durchziehzeit,
für 2 Personen.

Pro Portion etwa

Zutaten:

2 l Wasser
2 gestr. TL Salz
200 g Spaghetti
1 Bund Frühlingszwiebeln (etwa 250 g)
1 EL Sojaöl (ersatzweise Sonnen-
blumen- oder Olivenöl)
3–4 EL Sojasauce
1–2 TL China-Gewürzmischung
Salz
gem. Pfeffer
1 Prise Zucker

Pro Portion:
E: 17 g, F: 8 g, Kh: 83 g,
kJ: 1992, kcal: 477, BE: 6,0

Chinesischer Spaghettisalat
Aus dem Reich der Mitte

Dauert etwa 30 Minuten,
ohne Abkühl- und Durchziehzeit,
für 2 Portionen.

Zubereitung:

1. Wasser in einem großen Topf zugedeckt zum Kochen bringen. Dann Salz und Spaghetti zugeben. Die Nudeln im geöffneten Topf bei mittlerer Hitze nach Packungsanleitung bissfest kochen, dabei gelegentlich umrühren. Anschließend die Nudeln in ein Sieb geben, mit kaltem Wasser abspülen und abtropfen lassen. Nudeln nach Belieben mit einer Küchenschere mehrmals in Stücke schneiden.

2. In der Zwischenzeit Frühlingszwiebeln putzen, abspülen, abtropfen lassen und in feine Scheiben schneiden.

3. In einer kleinen Schüssel das Öl mit 3 Esslöffeln Sojasauce, China-Gewürz, Salz, Pfeffer und Zucker gut verrühren. Die abgekühlten Nudeln mit den Frühlingszwiebelscheiben und der Sauce gut vermischen. Den Salat zugedeckt mindestens 1 Stunde kalt gestellt durchziehen lassen.

4. Den Salat vor dem Servieren nochmals mit der restlichen Sojasauce und den Gewürzen abschmecken.

Tipp:

Wer mag, würfelt zusätzlich 150 g Hähnchenbrustfilet oder 1 Putenbrustschnitzel (beides abgespült und trocken getupft). Die Fleischwürfel in 1 Esslöffel Sojaöl anbraten, mit Salz und Pfeffer würzen und abgekühlt unter den Salat mischen (zusätzlich pro Portion etwa 0,90 Euro).

Schmeckt genauso gut und ist genauso preiswert:

Für einen **Spaghettisalat mit Brokkoli** statt der Frühlingszwiebeln 300 g TK-Brokkoli nehmen. Brokkoli nach Packungsanleitung in kochendem Salzwasser garen und herausnehmen. Brokkoli in eine Schüssel mit eiskaltem Wasser legen, danach gut abtropfen und abkühlen lassen. Spaghetti nach Packungsanleitung garen. Beides mit der Sauce gut vermischen, zugedeckt kalt stellen und erneut abschmecken.

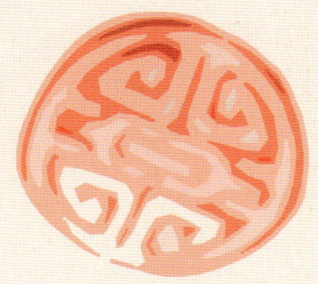

Zutaten:

250 g frische Tortellini mit Käse-
füllung (aus dem Kühlregal)
125 g Tomaten
75 g Kochschinken in Scheiben

Für die Salatsauce:
½–1 Knoblauchzehe
1–2 EL weißer Balsamico-Essig
Salz
gem. Pfeffer
1 Prise Zucker
2–3 EL Olivenöl
etwas TK-Schnittlauch

Pro Portion:
E: 21 g, F: 24 g, Kh: 41 g,
kJ: 1932, kcal: 461, BE: 3,0

Zubereitung:

1. Die Tortellini nach Packungsanleitung zubereiten. Dann die Tortellini in ein Sieb geben, kurz mit kaltem Wasser abspülen, abtropfen und erkalten lassen.

2. Tomaten abspülen, trocken tupfen, vierteln und die Stängelansätze herausschneiden. Tomaten entkernen und in Spalten schneiden. Schinken in kleine Stücke schneiden.

3. Für die Salatsauce Knoblauch abziehen und zerdrücken. Essig mit Knoblauch verrühren, mit Salz, Pfeffer und Zucker würzen. Das Olivenöl unterschlagen. Die Schnittlauchröllchen unterrühren.

4. Tortellini, Schinken- und Tomatenwürfel mit der Sauce in einer Schüssel vorsichtig mischen. Den Tortellini-Salat etwa 30 Minuten durchziehen lassen. Anschließend den Salat evtl. nochmals mit Salz und Pfeffer abschmecken.

Einpacken und mitnehmen
Tortellini-Salat

Dauert etwa 20 Minuten,
ohne Abkühl- und Durchziehzeit,
für 2 Personen.

Trauben-Apfel-Salat mit Kapern

Dauert etwa 15 Minuten, ohne Durchziehzeit, für 1 Person.

So simpel wie genial

Pro Portion etwa 2,10

Zubereitung:

1. Die Sonnenblumenkerne in einer Pfanne ohne Fett unter Wenden goldbraun rösten, auf einen Teller geben und abkühlen lassen.

2. Inzwischen Weintrauben abspülen, abtropfen lassen und evtl. mit Küchenpapier trocken tupfen. Die Weintrauben je nach Größe längs halbieren oder vierteln und mit den Kapern in einer Schüssel mischen.

3. Apfel heiß abwaschen, abtrocknen, vierteln und das Kerngehäuse entfernen. Apfelviertel erst in Spalten, dann quer in Stücke schneiden. Die Apfelstücke und die Sonnenblumenkerne mit den Trauben und Kapern vorsichtig vermischen.

4. Sonnenblumenöl mit Apfelessig, Salz, Pfeffer und Zucker zu einer Marinade verrühren und über den Salat gießen. Den Salat etwa 30 Minuten zugedeckt durchziehen lassen.

5. Den Salat vor dem Servieren nochmals mit den Gewürzen abschmecken.

Zutaten:

1 EL Sonnenblumenkerne
300 g kernlose helle Weintrauben
1 EL abgetropfte Kapern
1 großer süßlicher Apfel, z. B. Red Delicious oder Royal Gala
1 EL Sonnenblumenöl
½ EL Apfelessig
Salz
gem. Pfeffer
1 Prise Zucker

Pro Portion:
E: 7 g, F: 15 g, Kh: 68 g
kJ: 1860, kcal: 446, BE: 5,5

Tipps:

Sonnenblumenöl ist relativ neutral im Geschmack. Wer hat oder investieren möchte, nimmt für ein intensiv herb-süßes Aroma ein Traubenkernöl oder für eine nussige Note ein Kürbiskern- oder Walnussöl.

Preis-Tipp:

Weintrauben sind in den Herbstmonaten besonders preisgünstig.

Nicht allein?

Dann den Trauben-Apfel-Salat mit magerem, gebratenem Fleisch (z. B. Hähnchenbrustfilet, Putenschnitzel) und evtl. einem Stück Brot für 2 Personen aufpeppen. Natürlich lässt sich die Salatmenge auch einfach verdoppeln, verdreifachen ...

Was tun mit den Resten?

Sonnenblumenkerne lassen sich fest verschlossen in Plastikdosen aufbewahren (auf die Haltbarkeit achten). Sie passen prima zu anderen Salaten, schmecken im Müsli oder als Snack zwischendurch.
Angebrochene Gläser Kapern halten sich mehrere Wochen im Kühlschrank frisch. Wichtig: Die Kapern müssen vollständig von der Kapernflüssigkeit (Essiglösung) bedeckt sein.

Abwandlung:

Statt der Sonnenblumenkerne etwa die gleiche Menge Pinienkerne (extrem lecker, aber leider auch extrem teuer) oder andere Nüsse wie Kürbiskerne oder gehackte Mandeln für den Salat verwenden. Nicht vergessen: Für ein intensives Aroma Nüsse und Kerne stets anrösten!
Der Salat schmeckt auch mit Birne!

Zutaten:

1 kleine Zwiebel
400 g Wirsing
20 g Butter oder Margarine
600 ml Gemüsebrühe
75 g Perlgraupen (aus Gersten-
graupen)
400 g Tomaten
Salz
gem. Pfeffer

Für den Kräuterdip:
1 EL Crème fraîche (etwa 30 g)
1 Knoblauchzehe
1 EL dunkler Balsamico-Essig
1 EL TK-Petersilie
Salz
gem. Pfeffer oder Cayennepfeffer

Pro Portion:
E: 11 g, F: 14 g, Kh: 39 g,
kJ: 1402, kcal: 335, BE: 3,0

Zubereitung:

1. Zwiebel abziehen und fein hacken. Von dem Wirsing die äußeren Blätter entfernen. Den Wirsing je nach Größe halbieren, vierteln oder achteln. Wirsingstücke abspülen und abtropfen lassen. Den Strunk heraus-schneiden, Wirsing in feine Streifen schneiden.

2. Butter oder Margarine in einem Topf zerlassen. Zwiebelwürfel darin bei mittlerer Hitze unter gelegent-lichem Rühren in etwa 2 Minuten andünsten. Wirsing-streifen dazugeben und ebenfalls unter gelegentlichem Rühren in etwa 3 Minuten andünsten.

3. Gemüsebrühe hinzugießen, Graupen hinzufügen und unterrühren. Die Zutaten aufkochen lassen und zugedeckt bei schwacher Hitze zunächst 15 Minuten köcheln lassen.

4. In der Zwischenzeit die Tomaten kreuzweise ein-schneiden und mit kochendem Wasser übergießen. Nach 1–2 Minuten herausnehmen und mit kaltem Wasser abschrecken. Tomaten enthäuten, vierteln, entkernen und die Stängelansätze herausschneiden. Tomatenviertel in kleine Würfel schneiden.

5. Nach den 15 Minuten Garzeit die Tomatenwürfel unter den Graupen-Wirsing-Topf rühren. Die Zutaten einmal kurz aufkochen lassen, dann in 5–10 Minuten fertig garen.

6. Für den Kräuterdip in der Zwischenzeit Crème fraîche in eine kleine Schüssel geben. Knoblauch abzie-hen, durch eine Knoblauchpresse dazu drücken oder sehr fein hacken und dazugeben. Essig und Petersilie unterrühren. Den Dip mit Salz, Pfeffer oder etwas Cayennepfeffer abschmecken.

7. Den Graupen-Wirsing-Topf in 2 tiefen Tellern ver-teilen, jeweils 1 gehäuften Esslöffel Kräuterdip dazu-reichen oder unter den Eintopf rühren.

Dazu passt:
Frisches Bauernbrot.

Tipp:
Der Graupen-Wirsing-Topf schmeckt noch mal so gut, wenn er am nächsten Tag aufgewärmt auf den Tisch kommt. Deshalb am besten gleich die doppelte Menge zubereiten. Wichtig: Zum Abkühlen den Topf immer etwas geöffnet lassen, sonst wird der Eintopf sauer!

Was tun mit den Resten?
Im Gemüsefach des Kühlschranks ist der restliche Wirsing zugedeckt bis zu 10 Tage haltbar. Er lässt sich aber auch recht gut einfrieren: Dafür die geputzten, Wirsingstreifen etwa 2 Minuten blanchieren, abgießen, erkalten lassen und in einem Gefrierbeutel einfrieren. So bleibt er bis zu 10 Monate frisch.

Graupen-Wirsing-Topf mit Kräuterdip

Von Oma abgeschaut

Pro Portion etwa

Dauert etwa 40 Minuten, für 2 Personen.

Pro Portion etwa

50 EURO CENT
20 EURO CENT

Erbsensuppe
Richtig schön grün, richtig schön schnell

Dauert etwa 10 Minuten.
Garzeit: etwa 10 Minuten,
für 2 große Portionen zum Sattessen.

24

Zutaten:

1 Zwiebel
1 TL Butter
etwa 800 ml Wasser
4 TL gekörnte Hühner- oder
Gemüsebrühe
600 g TK-Erbsen
4 EL saure Sahne
2 Spritzer Zitronensaft
Salz
gem. Pfeffer
etwas Zucker
4 TL ger. Parmesan
2 TL gehackte glatte Petersilie

Pro Portion:
E: 28 g, F: 14 g, Kh: 44 g,
kJ: 1758, kcal: 420, BE: 3,0

Zubereitung:

1. Die Zwiebel abziehen, halbieren und in kleine Würfel schneiden.

2. Die Butter in einem Topf zerlassen. Die Zwiebelwürfel darin andünsten. Wasser und gekörnte Brühe hinzugeben und aufkochen lassen. Die gefrorenen Erbsen hinzugeben. Die Zutaten wieder zum Kochen bringen und zugedeckt etwa 10 Minuten bei mittlerer Hitze kochen lassen. 2 Teelöffel saure Sahne unterrühren. Die Suppe pürieren.

3. Die Suppe mit Zitronensaft, Salz, Pfeffer und Zucker abschmecken.

4. Die Erbsensuppe in Suppentassen oder -tellern anrichten und mit der restlichen sauren Sahne, dem Parmesan und der Petersilie garniert servieren.

Zutaten:

1 Salatgurke (etwa 350 g)
½ Bund Frühlingszwiebeln (etwa 130 g)
1–2 Knoblauchzehen
500 ml Tomatensaft
1 ½–2 EL Weißweinessig
1 EL Zitronensaft
Salz
1 TL getrockneter Thymian
gem. Pfeffer
je 1 gelbe und rote Paprikaschote (je etwa 200 g)

Außerdem:
2–3 Eiswürfel

Pro Portion:
E: 5 g, F: 1 g, Kh: 25 g,
kJ: 603, kcal: 144, BE: 1,5

Zubereitung:

1. Die Salatgurke abspülen, abtrocknen und nach Belieben schälen. Die Enden abschneiden, Gurke längs halbieren, mit einem Teelöffel entkernen und das Fruchtfleisch fein würfeln. Etwa die Hälfte der Gurkenwürfel als Suppeneinlage beiseitestellen.

2. Frühlingszwiebeln putzen, abspülen, abtropfen lassen und in feine Scheiben schneiden. Nach Belieben etwa 1 Esslöffel Frühlingszwiebel-scheiben zum Garnieren beiseitestellen. Den Knoblauch abziehen.

3. Gurkenwürfel mit Frühlingszwiebelscheiben und Knoblauch in einen hohen Rührbecher geben. Tomatensaft, 1 ½ Esslöffel Essig, Zitronensaft, 1 Prise Salz und Thymian hinzufügen. Die Zutaten mit dem Pürierstab fein pürieren, mit Pfeffer und evtl. etwas Salz abschmecken. Die Tomatensuppe zugedeckt mindestens 1 Stunde in den Kühlschrank stellen.

4. Paprikaschoten halbieren, entstielen, entkernen und die weißen Scheidewände entfernen. Schoten abspülen, abtropfen lassen und in kleine Würfel schneiden.

5. Die Tomatensuppe gut umrühren, nochmals mit Salz, Pfeffer und evtl. etwas Essig abschmecken. Die Eiswürfel in die Suppe geben. Paprika- und beiseitegelegte Gurkenwürfel unter die Suppe rühren oder getrennt dazureichen. Die Gazpacho nach Belieben mit den beiseitegelegten Frühlingszwiebelscheiben bestreuen und sofort servieren.

Tipps:

Für mehrere Portionen die Suppenzutaten einfach verdoppeln. Nicht vergessen: Die Kühlzeit dann um 1–2 Stunden verlängern, damit die Tomatensuppe auch ordentlich durchkühlen kann.
Den Weißweinessig durch eine andere helle Essigsorte wie Apfelessig oder weißen Aceto Balsamico ersetzen.

Die Frühlingszwiebeln in ein feuchtes Tuch wickeln. Im Gemüsefach des Kühlschranks halten sie so 4–5 Tage. In Scheiben geschnitten schmecken Sie unter Quark als Brotaufstrich. Oder für Putenröllchen mit Pilzsauce (Seite 38), die Variante zum Spanischen Tunfischreis (S. 46) oder die Bulgur-Gemüse-Pfanne (S. 52) verwenden.

Was tun mit den Resten?

Übrig gebliebener Tomatensaft hält sich im Kühlschrank etwa 3 Tage lang frisch. Mit etwas Salz und Pfeffer gibt er nach langen Partynächten neue Power.

Variante:

Für ein indisches Gazpacho die vorbereiteten Zutaten mit dem Tomatensaft zusätzlich mit je ¼–½ Teelöffel gemahlenem Kreuzkümmel und 1–2 Prisen Zimt abschmecken.

Gazpacho mit Salatgurke und Frühlingszwiebeln

Dauert etwa 20 Minuten, ohne Kühlzeit, für 2 Personen.

Für heiße Sommertage

Pro Portion etwa

27

Linsencurry mit Blattspinat

Indisch inspiriert

Dauert etwa 40 Minuten,
für 2 Personen.

Zutaten:

1 kleine Zwiebel
1 EL Speiseöl, z. B. Sonnenblumen-
oder Rapsöl
150 g rote Linsen
1 EL Tomaten- oder Paprikamark
550 ml Gemüsebrühe
250 g TK-Blattspinat
½ TL Kurkuma
1 Prise gem. Koriander
1 Prise Chilipulver
1 Msp. gem. Kreuzkümmel (Cumin)
1 Msp. gem. Piment (Nelkenpfeffer)
Salz
gem. Pfeffer
1–2 geh. Msp. Sambal Oelek
½–1 EL Weißweinessig
50 g saure Sahne (ersatzweise
Joghurt oder Schmand)

Pro Portion:
E: 26 g, F: 12 g, Kh: 45 g,
kJ: 1716, kcal: 408, BE: 3,5

Zubereitung:

1. Zwiebel abziehen und fein hacken. Das Öl in einem Topf erhitzen. Zwiebel darin in etwa 2 Minuten bei mittlerer Hitze andünsten. 50 g Linsen und das Tomaten- oder Paprikamark hinzufügen und unter Rühren etwa 1 Minute mit andünsten. 300 ml Gemüsebrühe hinzugießen. Die Zutaten einmal aufkochen lassen, dann bei mittlerer Hitze etwa 15 Minuten köcheln lassen, bis die Linsen weich sind und zerfallen.

2. Die Linsenmasse in einen hohen Rührbecher geben und mit einem Pürierstab vorsichtig pürieren (Achtung: Die Masse ist heiß!). Die pürierten Linsen zurück in den Topf geben, die restliche Gemüsebrühe unterrühren. Restliche Linsen mit gefrorenem Spinat ebenfalls hinzufügen. Die Zutaten einmal aufkochen lassen, dann bei schwacher Hitze weitere 10–15 Minuten (Packungsanleitung beachten) köcheln lassen, bis die Linsen noch Biss haben und der Spinat aufgetaut ist. Dabei das Linsencurry gelegentlich umrühren.

3. In der Zwischenzeit Kurkuma mit Koriander, Chilipulver, Kreuzkümmel, Piment, etwas Salz und Pfeffer in einer kleinen Schüssel verrühren.

4. Sambal Oelek, Essig und etwas von der Gewürzmischung unter das Linsencurry rühren. Das Linsencurry abschmecken und auf Tellern anrichten. Die saure Sahne in kleinen Klecksen darauf verteilen und nach Belieben mit der restlichen Gewürzmischung bestreuen.

Dazu passt:

Fladenbrot.

Tipp:

Statt der vielen einzelnen Gewürze ½ Esslöffel Currypulver (am besten indisches) mit etwas Salz und Pfeffer verwenden. Je nach Belieben zusätzlich mit 1–2 exotischen Gewürzen aus der Zutatenliste kombinieren.

Mehr Aroma:

In Indien, Malaysia oder Sri Lanka werden für Gemüsecurrys die Gewürze vorher geröstet, weil dann ihr Aroma besonders intensiv ist. Wer das ausprobieren möchte, röstet die Gewürze (ohne Salz und Pfeffer) zusammen in einer kleinen Pfanne ohne Fett bei schwacher bis mittlerer Hitze in 1–2 Minuten unter gelegentlichem Rühren an. Dann die Gewürze auf einen Teller geben, damit sie nicht weiterbräunen und bitter werden. Zu scharf geworden? Dann etwas saure Sahne, Joghurt oder Schmand (Sauerrahm) unterrühren. Das Curry aber nicht mehr kochen lassen, da die Milchprodukte sonst ausflocken.

Für eine große Runde:

Das Rezept lässt sich problemlos für mehrere Personen verdoppeln.

Was tun mit den Resten?

Angebrochenes Tomaten- oder Paprikamark gehört fest verschlossen in den Kühlschrank.
Tiefgekühlter Spinat hat den Vorteil, dass man ihn portionsweise entnehmen kann. Den Rest zügig wieder einfrieren und/oder für die Variante „Panierter Käse mit Spinat" nehmen (Seite 70).
Angebrochene Packungen saure Sahne (ersatzweise Joghurt oder Schmand) halten sich einige Tage im Kühlschrank.

Spaghetti aglio olio

Immer wieder gern

Dauert etwa 10 Minuten,
für 2 Personen.

Zubereitung:

1. Das Wasser in einem großen Topf zugedeckt zum Kochen bringen. Dann Salz und Spaghetti hinzugeben. Die Spaghetti im geöffneten Topf bei mittlerer Hitze nach Packungsanleitung bissfest kochen, dabei gelegentlich umrühren. Anschließend die Spaghetti in ein Sieb geben, mit heißem Wasser abspülen und abtropfen lassen.

2. In der Zwischenzeit Knoblauch abziehen und in dünne Scheiben schneiden. Petersilie abspülen und trocken tupfen. Die Blättchen von den Stängeln zupfen und klein schneiden.

3. Olivenöl in einer Pfanne erhitzen. Die Knoblauchscheiben darin glasig bis hellbraun dünsten. Spaghetti und Petersilie in das heiße Knoblauchöl geben und untermischen, mit Salz und Pfeffer würzen.

4. Spaghetti aglio olio am besten in einer vorgewärmten Schüssel oder in Tellern anrichten und mit Parmesan bestreuen.

Zutaten:

2 ½ l Wasser
2 ½ gestr. TL Salz
250 g Spaghetti

1–2 Knoblauchzehen
1 kleines Bund Petersilie
2 EL Olivenöl
Salz
gem. Pfeffer

50 g ger. Parmesan

Pro Portion:
E: 24 g, F: 20 g, Kh: 89 g,
kJ: 2663, kcal: 637, BE: 7,5

Tipp:

Schön scharf werden die Spaghetti so: Beim Andünsten zum Olivenöl ½–1 getrocknete, zerbröselte rote Pfefferschote (Peperoncino) hinzugeben (pro Portion etwa 0,75 Euro).

Macht richtig satt
Käsespätzle

Dauert etwa 30 Minuten,
für 2 Personen.

Zutaten:

2 ½ l Wasser
2 ½ gestr. TL Salz
250 g getrocknete Spätzle

1 große Zwiebel
20 g Butter
100 g Käse, z. B. Emmentaler
Salz
gem. Pfeffer
ger. Muskatnuss
1–2 Frühlingszwiebeln
2 EL Röstzwiebeln

Pro Portion:
E: 33 g, F: 31 g, Kh: 95 g,
kJ: 3325, kcal: 788, BE: 7,5

Zubereitung:

1. Wasser in einem großen Topf zugedeckt zum Kochen bringen. Dann Salz und Spätzle zufügen. Die Spätzle nach Packungsanleitung im geöffneten Topf bei mittlerer Hitze kochen, dabei gelegentlich umrühren. Anschließend die Spätzle in ein Sieb geben, mit heißem Wasser abspülen und abtropfen lassen.

2. Die Zwiebel abziehen, halbieren und in feine Würfel schneiden. Die Butter in einer Pfanne zerlassen. Die Zwiebelwürfel darin goldgelb braten.

3. Die Spätzle ebenfalls in die Pfanne geben, vorsichtig mit den Zwiebeln vermischen und kurz mitbraten. Etwas Wasser dazugeben, Käse dazu reiben und unterrühren. Käsespätzle mit Salz, Pfeffer und Muskat abschmecken.

4. Frühlingszwiebeln abspülen, abtropfen lassen und schräg in Scheiben schneiden. Käsespätzle auf Tellern anrichten, mit Röstzwiebeln und Frühlingszwiebelscheiben bestreuen.

Tipp:

Lecker schmecken die Käsespätzle, wenn man zusammen mit den Zwiebeln rohe Schinkenstreifen anbrät (50 g etwa 0,60 Euro).

Selbst gemacht:

Wer lieber selbst gemachte Spätzle möchte, macht am besten gleich 4 Portionen und hebt die Hälfte für den nächsten Tag auf. Dafür 250 g Weizenmehl in einer Rührschüssel mit 3 Eiern, ½ Teelöffel Salz, 1 Messerspitze geriebener Muskatnuss und etwa 100 ml Wasser oder Milch mit einem Holzlöffel verrühren. Dabei darauf achten, dass keine Klümpchen entstehen. Den Teig so lange rühren, bis er eine zähe, dickflüssige Konsistenz hat und Blasen wirft. 3 Liter Wasser in einem großen Topf zugedeckt zum Kochen bringen, 3 Teelöffel Salz hinzufügen. Den Teig portionsweise mit einem Spätzlehobel oder durch eine Spätzlepresse in das kochende Salzwasser geben und 3–5 Minuten gar kochen (die Spätzle sind gar, wenn sie an der Oberfläche schwimmen). Die gegarten Spätzle mit einer Schaumkelle aus dem Wasser nehmen, in ein Sieb geben, mit kaltem Wasser abschrecken und abtropfen lassen. Dann weiter mit Punkt 3 (pro Portion etwa 0,70 Euro).

Zutaten:

1 Zwiebel
1 Knoblauchzehe
1 grüne Paprikaschote (etwa
200 g)
1 EL Olivenöl
200 g griechische Reisnudeln
(Kritharaki)
200 ml Gemüsebrühe
400 g geschälte Tomaten mit
Saft (aus der Dose)
1 gestr. TL Oregano
Salz
gem. Pfeffer
Cayennepfeffer

Pro Portion:
E: 6 g, F: 6 g, Kh: 91 g,
kJ: 1909, kcal: 456, BE: 7,5

Zubereitung:

1. Zwiebel und Knoblauch abziehen. Beides in kleine Würfel schneiden.

2. Paprikaschote halbieren, entstielen, entkernen und die weißen Scheidewände entfernen. Schoten abspülen, abtropfen lassen und in kleine Würfel schneiden.

3. Das Öl in einem Topf erhitzen. Zwiebel,- Knoblauch- und Paprikawürfel darin bei mittlerer Hitze in 2–3 Minuten unter gelegentlichem Rühren andünsten. Reisnudeln hinzufügen und kurz mit andünsten. Den Topf von der Kochstelle nehmen, die Brühe hinzugießen.

4. Die Tomaten in einem Sieb über dem Topf abtropfen lassen, sodass der Tomatensaft in den Topf tropft. Die Tomaten mit einem Löffelrücken durch das Sieb in den Topf streichen, damit die Kerne im Sieb bleiben.

5. Den Topf wieder auf die Herdplatte stellen. Die Zutaten einmal aufkochen lassen und anschließend zugedeckt bei schwacher Hitze etwa 12 Minuten köcheln lassen. Dabei ab und zu umrühren.

6. Die Reisnudeln mit dem Gemüse mit Oregano, Salz, Pfeffer und etwas Cayennepfeffer würzen.

Pro Portion etwa

Griechische Reisnudeln mit Paprika und Tomate

Ganz simpel

Dauert etwa 30 Minuten,
für 2 Personen.

Tipps:

5–8 abgetropfte Oliven klein schneiden und über die Reisnudeln streuen (pro Portion zusätzlich etwa 0,20 Euro) oder unterrühren.
Maximal die Hälfte der Gemüsebrühe kann man durch trockenen Weißwein ersetzen.
Statt der griechischen Reisnudeln schmeckt auch Langkornreis. Dafür die Packungsanleitung beachten, da sich die Flüssigkeitsmenge verändern kann.
Statt Oregano passt auch 1 Esslöffel gehackte Petersilie (frisch oder tiefgekühlt).

Warenkunde:

Griechische Reisnudeln sind Nudeln in Reiskorngröße. Sie bestehen zu 100 Prozent aus Hartweizengrieß. Man kann die Nudeln auch in reichlich kochendem Salzwasser (nach Packungsanleitung) garen. Griechische Reisnudeln sind eine leckere Beilage zu Fleisch, Fisch und Gemüse oder in Suppen.

Zutaten:

2 l Wasser
2 gestr. TL Salz
200 g Nudeln, z. B. Spirelli

125 g Mozzarella
½ Bund Schnittlauch
100 g Schlagsahne
1 TL gekörnte Gemüsebrühe
200 g stückige Tomaten (aus der Dose)
150 g TK-Erbsen
Salz
gem. Pfeffer

Pro Portion:
E: 32 g, F: 33 g, Kh: 86 g,
kJ: 3238, kcal: 774, BE: 7,0

Zubereitung:

1. Wasser in einem großen Topf zugedeckt zum Kochen bringen. Dann Salz und Nudeln zugeben. Die Nudeln im geöffneten Topf bei mittlerer Hitze nach Packungsanleitung knapp bissfest kochen, dabei gelegentlich umrühren. Anschließend die Nudeln in ein Sieb geben, mit kaltem Wasser abspülen und abtropfen lassen.

2. Mozzarella abtropfen lassen und in kleine Würfel schneiden. Schnittlauch abspülen, trocken tupfen und in Röllchen schneiden.

3. Den Backofen vorheizen.
Ober-/Unterhitze: etwa 200 °C
Heißluft: etwa 180 °C

Nudelauflauf mit Erbsen,

Wärmstens zu empfehlen

Dauert etwa 30 Minuten.
Garzeit: etwa 20 Minuten,
für 2 Personen.

4. Die Sahne in einem Topf unter Rühren erwärmen. Gemüsebrühe unter Rühren darin auflösen. Die Nudeln in eine kleine Auflaufform (gefettet) geben. Stückige Tomaten mit der Sahne verrühren und auf den Nudeln verteilen.

5. Anschließend gefrorene Erbsen, zwei Drittel der Mozzarella-Würfel und die Schnittlauchröllchen daraufgeben, gut mit den Nudeln vermengen. Das Ganze mit Salz und Pfeffer würzen. Die restlichen Mozzarella-Würfel darauf verteilen.

6. Die Form auf dem Rost in den vorgeheizten Backofen (Mitte) schieben. Den Nudelauflauf **etwa 20 Minuten garen.**

Tipp:
Soll es lieber etwas würziger sein? Dann ein paar Cent drauflegen und statt Mozzarella lieber 100 g Bergkäse nehmen. Die Portion kostet dann etwa 1,45 Euro.

Pro Portion etwa

Tomaten und Mozzarella

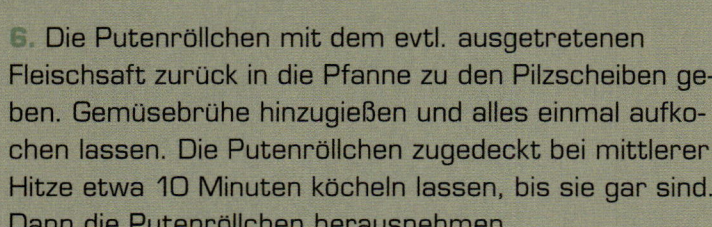

Zutaten:

1–2 Frühlingszwiebeln
250 g Champignons
2 dünne Putenschnitzel (je etwa
150–175 g)
Salz
gem. Pfeffer
½ TL mittelscharfer Senf
2 EL Speiseöl, z. B. Sonnen-
blumen- oder Rapsöl
250 ml Gemüsebrühe
50 g Crème fraîche

Außerdem:
4–8 Holzspießchen

Pro Portion:
E: 45 g, F: 20 g, Kh: 4 g,
kJ: 1549, kcal: 372, BE: 0,0

Zubereitung:

1. Frühlingszwiebeln putzen, abspülen, abtropfen lassen und in feine Scheiben schneiden. Champignons putzen, evtl. kurz abspülen und trocken tupfen. Pilze in dünne Scheiben schneiden.

2. Putenschnitzel unter fließendem kalten Wasser abspülen und trocken tupfen. Die Putenschnitzel von beiden Seiten mit Salz und Pfeffer bestreuen. Eine Seite dünn mit Senf bestreichen.

3. Auf jede mit Senf bestrichene Fleischseite etwa 2 Teelöffel Frühlingszwiebelscheiben vorsichtig vertei-len. Anschließend das Fleisch von der schmalen Seite aufrollen und gut mit Holzspießchen feststecken.

4. In einer großen Pfanne etwa 1 ½ Esslöffel Speiseöl erhitzen. Die Putenröllchen darin bei mittlerer bis star-ker Hitze in etwa 12 Minuten von allen Seiten braun anbraten. Anschließend die Putenröllchen auf einem Teller beiseitelegen.

5. Restliches Öl in die Pfanne geben und erhitzen. Die Pilzscheiben darin unter gelegentlichem Rühren in 2–3 Minuten braun anbraten.

6. Die Putenröllchen mit dem evtl. ausgetretenen Fleischsaft zurück in die Pfanne zu den Pilzscheiben ge-ben. Gemüsebrühe hinzugießen und alles einmal aufko-chen lassen. Die Putenröllchen zugedeckt bei mittlerer Hitze etwa 10 Minuten köcheln lassen, bis sie gar sind. Dann die Putenröllchen herausnehmen.

7. Crème fraîche unter die Pilzflüssigkeit rühren und erneut aufkochen lassen. Die Pilzsauce mit etwas Salz und Pfeffer abschmecken. Die Putenröllchen ganz oder in Scheiben aufgeschnitten mit der Pilzsauce auf Tellern anrichten.

Dazu schmeckt:

Frisch aufgebackenes Baguette (150 g, etwa 0,40 Euro).

Was tun mit den Resten?

Abgepackte Putenschnitzel sind meist preisgünstiger als lose Ware aus der Fleischtheke. Dann die restlichen Putenschnitzel flach verpackt (Folie zwischenlegen) roh einfrieren – maximale Lagerdauer 2–4 Monate. Wichtig: Geflügel immer ohne Verpackung zugedeckt im Kühlschrank so in einem Sieb auftauen lassen, dass das Fleisch nicht in der Auftauflüssigkeit liegt. Die Auftauflüssigkeit sofort weggießen (Salmonellengefahr!). Geflügel stets gut durchgaren.
Angebrochene Crème fraîche hält sich im Kühlschrank etwa 5 Tage lang frisch. Crème fraîche verfeinert Sau-cen, Suppen oder Dips.

Putenröllchen mit Pilzsauce
Schön aufgerollt

Dauert etwa 35 Minuten,
für 2 Personen.

Curryhähnchen
Schneiden, braten, fertig

Dauert etwa 30 Minuten,
für 2 Personen.

Pro Portion etwa

Zutaten:

2 kleine Hähnchenbrustfilets
(je etwa 150 g)
Salz
1 kleine Stange Porree (Lauch)
150 g Möhren
10 g Butterschmalz oder
1 EL Speiseöl
gem. Pfeffer
½–1 TL Currypulver
75 ml Gemüsebrühe
½ EL Limettensaft
½ TL flüssiger Honig
75 g Joghurt (3,5 % Fett)

Pro Portion:
E: 38 g, F: 8 g, Kh: 8 g,
kJ: 1086, kcal: 260, BE: 0,5

Zubereitung:

1. Hähnchenbrustfilets unter fließendem kalten Wasser abspülen, trocken tupfen und in Streifen schneiden. Hähnchenstreifen mit etwas Salz würzen. Porree putzen, die Stange längs halbieren, gründlich waschen und abtropfen lassen.

2. Möhren putzen, schälen abspülen und abtropfen lassen. Porree in Streifen und Möhren in feine Scheiben schneiden.

3. Das Butterschmalz oder Speiseöl in einer Pfanne erhitzen. Die Fleischstreifen darin von allen Seiten knusprig braun braten. Porreestreifen und Möhrenscheiben hinzufügen, kurz mit anbraten, mit Salz, Pfeffer und Curry würzen. Die Gemüsebrühe hinzugießen. Limettensaft und Honig unterrühren.

4. Die Zutaten zum Kochen bringen und zugedeckt 5–7 Minuten bei schwacher Hitze köcheln lassen. Die Pfanne von der Kochstelle nehmen. Joghurt unter das Curryhähnchen rühren (nicht mehr kochen lassen). Das Curryhähnchen mit Curry und Salz würzig abschmecken.

Dazu passt:

Natürlich Reis! 125 g Naturreis nach Packungsanleitung zubereiten. Das kostet zusätzlich pro Portion etwa 0,20 Euro.

Tipp:

Wenn es das Gewürzregal hergibt, die Hähnchenstreifen vor dem Braten noch mit 1 Prise gemahlenem Piment (Nelkenpfeffer) würzen und das fertige Gericht dann nochmal damit abschmecken.

Italienische Frikadellen

Der Klassiker, mal mit Rucola und Zucchini

Dauert etwa 25 Minuten, für 2 Personen.

Pro Portion etwa

Zutaten:

1 kleine Zwiebel
1 Knoblauchzehe
1 ½ EL Speiseöl,
    z. B. Sonnenblumenöl
50 g Rucola (Rauke)
1 Zucchini (etwa 200 g)
300 g Gehacktes
(halb Rind-, halb Schweinefleisch)
1 ½ EL TK-italienische Kräuter
(ersatzweise ½–¾ TL getrocknete italienische Kräuter)
1 EL Semmelbrösel
1 Ei (Größe S)
Salz
gem. Pfeffer

Pro Portion:
E: 36 g, F: 34 g, Kh: 8 g,
kJ: 2013, kcal: 481, BE: 0,5

Zubereitung:

1. Zwiebel und Knoblauch abziehen, beides fein würfeln.

2. In einer großen Pfanne ½ Esslöffel Öl erhitzen. Die Zwiebel- und Knoblauchwürfel darin unter Rühren in etwa 2 Minuten glasig dünsten. Anschließend auf Küchenpapier abtropfen und etwas abkühlen lassen.

3. In der Zwischenzeit Rucola verlesen und dicke Stängel abschneiden. Rucola abspülen, gut abtropfen lassen oder trocken schleudern. Rucola fein hacken. Zucchini abspülen, abtrocknen und die Enden abschneiden. Die Zucchini grob raspeln.

4. Das Gehackte in eine Schüssel geben. Zwiebel-Knoblauch-Masse, Rucola, Zucchiniraspel, Kräuter, Semmelbrösel und das Ei hinzufügen. Die Zutaten gut vermengen, mit Salz und Pfeffer kräftig würzen.

5. Aus der Fleischmasse mit angefeuchteten Händen 6 Bällchen formen und etwas flach drücken.

6. Das restliche Öl in der Pfanne erhitzen. Die Frikadellen darin von beiden Seiten bei mittlerer bis starker Hitze in etwa 10 Minuten braun und gar braten. Die Frikadellen warm oder kalt servieren.

Dazu passt:

Rucola-Tomaten-Salat. Für den Salat etwa 75 g Rucola (Rauke) verlesen, abspülen, abtrocknen oder trocken schleudern und evtl. etwas kleiner zupfen. 1 große Tomate abspülen, abtrocknen, in Spalten schneiden und dabei die Stängelansätze herausschneiden. Tomatenspalten evtl. quer halbieren. Rucola mit Tomaten und einer Salatmarinade (aus etwa 1 Esslöffel Essig, 2–2 ½ Esslöffeln Speiseöl, Salz, Pfeffer, 1 Prise Zucker und nach Belieben etwas Senf) vorsichtig vermischen (pro Portion etwa 0,55 Euro).

Variante:

Für **klassische Frikadellen** Rucola, Zucchini und TK-italienische Kräuter weglassen, dafür die Gehacktesmenge auf 400 g erhöhen. Gehacktes mit angedünsteter Zwiebel-Knoblauch-Masse, Semmelbröseln und Ei vermengen. Die Masse nach Belieben zusätzlich zu Salz und Pfeffer mit ½–1 Teelöffel Paprikapulver edelsüß würzen. Daraus wie beschrieben 6 Frikadellen zubereiten und braten (pro Portion etwa 1,00 Euro).

Immer wieder gut
Schweinefleisch süßsauer

Zubereitung:

1. Das Schnitzelfleisch mit Küchenpapier trocken tupfen und in dünne Streifen schneiden. Die Fleischstreifen mit Curry und Sambal Oelek vermischen.

2. Paprikaschote evtl. entstielen, entkernen und die weißen Scheidewände entfernen. Schote abspülen, abtropfen lassen und in kleine Stücke schneiden.

3. Porree putzen, die Stange längs halbieren, gründlich waschen und abtropfen lassen. Porree in etwa 2 cm lange Stücke schneiden oder aufblättern und in dreieckige Stücke schneiden.

4. Ananas in etwa 1 cm große Würfel schneiden. Das Olivenöl in einem Wok oder einer großen Pfanne erhitzen. Die Fleischstreifen darin anbraten. Dann das Fleisch herausnehmen und zugedeckt warm halten.

5. Die Paprikastücke in den Wok oder die Pfanne geben und anbraten. Ananaswürfel und Porree hinzufügen und unter Rühren ebenfalls kurz anbraten. Essig, Zucker und Ketchup unterrühren.

6. Petersilie abspülen, trocken tupfen und die Blättchen von den Stängeln zupfen. Etwa die Hälfte der Blättchen kleiner schneiden und mit den Fleischstreifen unterrühren. Das Schweinefleisch süßsauer mit Salz abschmecken und sofort mit den restlichen Petersilienblättchen garniert servieren.

Dazu passt:
125 g Duftreis. Schmeckt lecker und kostet zusätzlich pro Portion bloß etwa 0,20 Euro).

Pro Portion etwa

Zutaten:

220–230 g Schweineschnitzel
½ EL Currypulver
1 TL Sambal Oelek

½ rote Paprikaschote
1 kleine Stange Porree (Lauch)
150 g frisches Ananasfruchtfleisch
3 EL Olivenöl
2 EL Weißweinessig
½ EL brauner Zucker
75 g Tomatenketchup

einige Stängel glatte Petersilie
Salz

Pro Portion:
E: 28 g, F: 18 g, Kh: 28 g,
kJ: 1623, kcal: 388, BE: 2,0

Zutaten:

1 kleine Zwiebel
1 Knoblauchzehe
1 EL Weißweinessig
½ EL Olivenöl
Salz
gem. Pfeffer
150 g abgetropfter Tunfisch
naturell (aus der Dose)
1 EL Speiseöl, z. B. Sonnenblumenöl
125 g Langkornreis
250 ml Gemüsebrühe
125 g TK-Erbsen
etwa ½ TL Kurkuma
1 rote Paprikaschote
1 Bio-Zitrone (unbehandelt,
ungewachst)
etwas Cayennepfeffer

Pro Portion:
E: 28 g, F: 9 g, Kh: 64 g,
kJ: 1926, kcal: 461, BE: 5,5

Spanischer Tunfischreis
Ganz simpel

Dauert etwa 35 Minuten,
für 2 Personen.

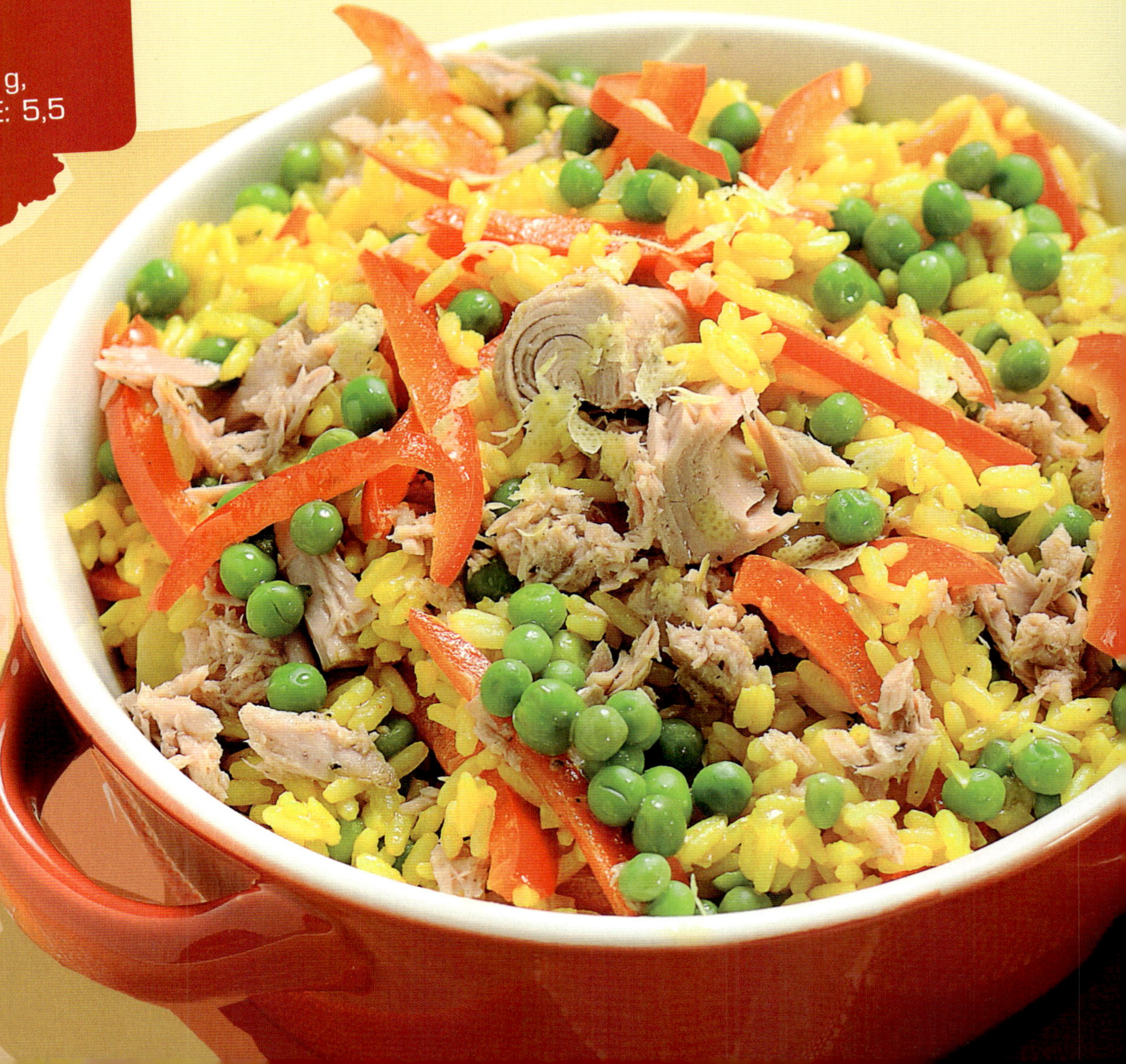

Zubereitung:

1. Die Zwiebel und die Knoblauchzehe abziehen und getrennt fein hacken.

2. Essig mit Olivenöl in einer kleinen Schüssel verrühren. Die Hälfte des fein gehackten Knoblauchs mit etwas Salz und Pfeffer hinzufügen. Tunfisch in Stücke zerteilen, mit der Marinade vermischen und beiseitestellen.

3. Das Speiseöl in einem Topf erhitzen. Die Zwiebelwürfel und den restlichen Knoblauch darin in etwa 2 Minuten unter gelegentlichem Rühren bei mittlerer Hitze andünsten. Den Reis hinzufügen und 2–3 Minuten mit anbraten, dabei gelegentlich umrühren.

4. Gemüsebrühe hinzugießen, alles aufkochen lassen und zugedeckt bei schwacher Hitze garen. Nach etwa 5 Minuten Garzeit die gefrorenen Erbsen mit der Kurkuma unterrühren und anschließend bei schwacher bis mittlerer Hitze weitergaren.

5. In der Zwischenzeit die Paprikaschote halbieren, entstielen, entkernen und die weißen Scheidewände entfernen. Schoten abspülen, abtropfen lassen und in feine Streifen schneiden. Die Paprikastreifen mit dem marinierten Tunfisch nach weiteren 5 Minuten hinzugeben und unterrühren. Den Tunfischreis anschließend weitere 10 Minuten garen.

6. In der Zwischenzeit die Zitrone heiß abwaschen und abtrocknen. Etwa ½ Teelöffel Schale fein abreiben, anschließend die Zitrone halbieren und 1 Esslöffel Zitronensaft auspressen.

7. Zitronenschale und -saft unter den Tunfischreis rühren, mit Salz und Cayennepfeffer abschmecken.

Tipp:

Für den Preis haben wir mit Tunfisch aus kontrolliertem Fischfang (ohne Treibnetze) gerechnet. Er ist nur ein kleines bisschen teurer.

Was tun mit den Resten?

Tiefgekühltes Gemüse hat den Vorteil, dass man nur so viel entnehmen muss, wie man tatsächlich braucht. Die restlichen Erbsen sofort wieder einfrieren und für andere Gerichte verwenden.

Auch gut und genauso günstig:

Für **Tunfischreis mit Möhren und Frühlingszwiebeln** die TK-Erbsen und die Paprikaschote durch 300 g Möhren und 100 g Frühlingszwiebeln ersetzen. Möhren putzen, schälen, abspülen und abtropfen lassen. Möhren in kleine Würfel schneiden. Frühlingszwiebeln putzen, abspülen, abtropfen lassen und in feine Scheiben schneiden.
Das Rezept – wie unter den Punkten 1 bis 3 beschrieben – zubereiten. Die Gemüsebrühe hinzugießen. Nach 5 Minuten Garzeit die Möhrenwürfel mit der Kurkuma hinzufügen, unterrühren und weitergaren. Nach weiteren 5 Minuten die Frühlingszwiebelscheiben und den marinierten Tunfisch zufügen, ebenso unterrühren und in 10 Minuten fertiggaren. Den Tunfischreis mit den Gewürzen abschmecken.

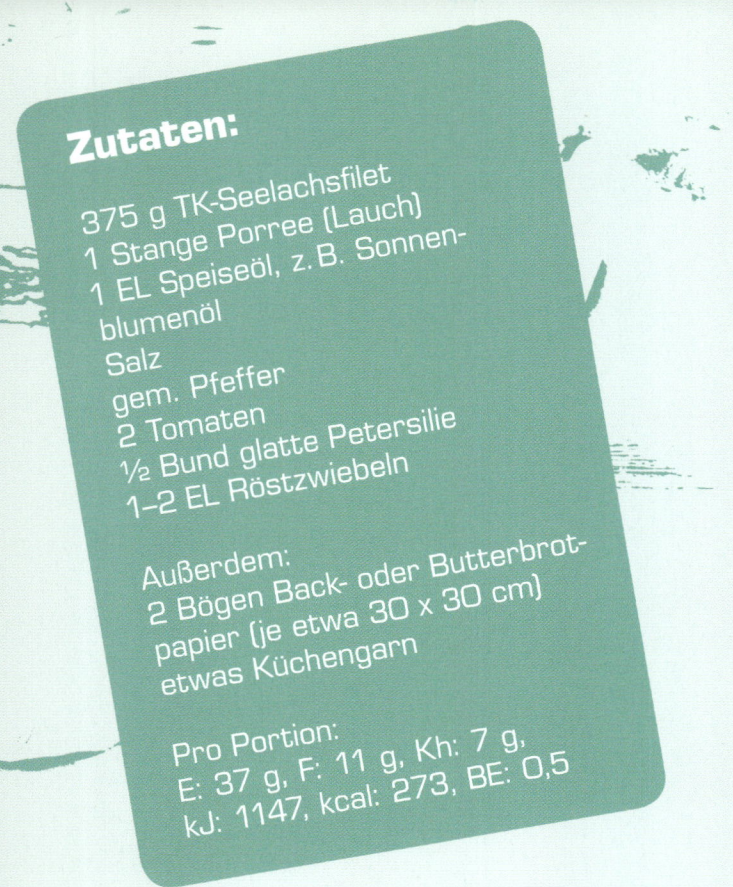

Zutaten:

375 g TK-Seelachsfilet
1 Stange Porree (Lauch)
1 EL Speiseöl, z.B. Sonnenblumenöl
Salz
gem. Pfeffer
2 Tomaten
½ Bund glatte Petersilie
1–2 EL Röstzwiebeln

Außerdem:
2 Bögen Back- oder Butterbrotpapier (je etwa 30 x 30 cm)
etwas Küchengarn

Pro Portion:
E: 37 g, F: 11 g, Kh: 7 g,
kJ: 1147, kcal: 273, BE: 0,5

Zubereitung:

1. Seelachsfilet nach Packungsanleitung auftauen lassen.

2. Porree putzen. Die Stange längs halbieren, gründlich waschen, abtropfen lassen und in feine Streifen schnei-den. Öl in einer Pfanne erhitzen. Porreestreifen hinzu-geben und unter gelegentlichem Rühren etwa 3 Minu-ten dünsten, mit Salz und Pfeffer würzen.

3. Den Backofen vorheizen.
Ober-/Unterhitze: etwa 200 °C
Heißluft: etwa 180 °C

4. Seelachsfilet unter fließendem kalten Wasser abspü-len, trocken tupfen und in 2 gleich große Stücke teilen. Fisch mit Salz und Pfeffer bestreuen. 2 Bögen Back- oder Butterbrotpapier auf der Arbeitsfläche ausbreiten. Den Porree gleichmäßig mittig darauf verteilen und je 1 Fischstück darauflegen.

5. Tomaten abspülen, abtrocknen, halbieren und die Stängelansätze herausschneiden. Tomaten in Stücke schneiden. Petersilie abspülen und trocken tupfen. Die Blättchen von den Stängeln zupfen. Blättchen grob ha-cken, mit Tomatenstücken und Röstzwiebeln mischen, auf dem Fisch verteilen.

6. Fisch und Gemüse in dem Papier so einpacken, dass der Falzrand oben liegt. Dazu die gegenüberliegenden Seiten der Papierbögen jeweils oben zueinander führen und wie eine Ziehharmonika nach unten falten. An den Seiten die Päckchen wie bei einem Bonbon zusammen-drehen und mit etwas Küchengarn zusammenbinden.

7. Die Päckchen auf ein Backblech legen. Das Back-blech in den vorgeheizten Backofen schieben. Das Seelachsfilet **20–25 Minuten garen.**

8. Jeweils 1 Päckchen auf einen Teller legen. Die Päck-chen öffnen und den Fisch sofort servieren.

Dazu passen:

500 g Pellkartoffeln dazu kochen. Die sind einfach zu machen, schmecken super und strapazieren nicht die Finanzen. Ein halbes Kilo kostet etwa 0,40 Euro.

Fischfilet in der Hülle
Figurfreundlich

Dauert etwa 20 Minuten, ohne Auftauzeit.
Garzeit: 20–25 Minuten,
für 2 Personen.

Pro Portion etwa

Hirse mit Wintergemüse

Omas Idee, indisch verfeinert

Dauert etwa 30 Minuten, für 2 Personen.

Pro Portion etwa

Zutaten:

1 kleine rote Zwiebel
1 Knoblauchzehe
200 g Möhren
2 Stangen Staudensellerie
1 EL Speiseöl, z. B. Sonnenblumen-
oder Rapsöl
200 g Hirse
450 ml Gemüsebrühe
1–1 ½ EL Zitronensaft
Salz
gem. Pfeffer
etwa ½ TL Garam Masala (indi-
sche Gewürzmischung)

20 g ger. Parmesan

Pro Portion:
E: 17 g, F: 13 g, Kh: 79 g,
kJ: 2098, kcal: 502, BE: 6,5

Zubereitung:

1. Zwiebel und Knoblauch abziehen. Beides fein würfeln. Möhren putzen, schälen, abspülen und abtropfen lassen. Möhren in Scheiben schneiden. Staudensellerie putzen und die harten Außenfäden abziehen. Sellerie abspülen, abtropfen lassen und in Scheiben schneiden. Das Selleriegrün abspülen, trocken tupfen, fein hacken und zum Garnieren beiseitelegen.

2. Das Öl in einem kleinen Topf erhitzen. Zwiebel- und Knoblauchwürfel darin bei mittlerer Hitze unter gelegentlichem Rühren in etwa 2 Minuten andünsten. Möhren- und Selleriescheiben hinzufügen und ebenso in etwa 2 Minuten unter gelegentlichem Rühren andünsten.

3. Hirse und Gemüsebrühe hinzugeben. Die Zutaten umrühren, dann einmal aufkochen lassen. Das Hirse-Gemüse zugedeckt bei schwacher bis mittlerer Hitze etwa 10 Minuten köcheln lassen. Anschließend die Hitze reduzieren und das Hirse-Gemüse in weiteren etwa 10 Minuten gar ziehen lassen, dabei ab und zu umrühren.

4. Das Hirse-Gemüse mit Zitronensaft, Salz, Pfeffer und Garam Masala abschmecken. Die Hirse mit Parmesan und Selleriegrün bestreuen und servieren.

Allein zu Haus?

Dann das restliche Hirse-Gemüse zugedeckt in den Kühlschrank stellen und spätestens am übernächsten Tag bei kleiner Hitze unter gelegentlichem Rühren mit 2–3 Esslöffeln Gemüsebrühe oder Wasser aufwärmen und evtl. nochmals mit den Gewürzen abschmecken. Den Käse frisch darüberstreuen.

Was tun mit den Resten?

Staudensellerie hält sich im Gemüsefach des Kühlschranks frisch. Er schmeckt auch als Rohkost (siehe Rohkost mit zweierlei Dips, Seite 76) oder klein geschnitten in frischen Salaten. Käse am Stück ist länger haltbar als in Scheiben geschnitten oder fertig gerieben.

Für etwas Abwechslung:

Zum fast gleichen Preis **Hirse mit Paprika und Porree (Lauch)** zubereiten. Dafür je 1 kleine Zwiebel und Knoblauchzehe (fein gewürfelt) in 1 Esslöffel Öl andünsten. 200 g Hirse und 450 ml Gemüsebrühe hinzufügen, alles aufkochen und zugedeckt bei schwacher bis mittlerer Hitze etwa 10 Minuten garen. In der Zwischenzeit 1 rote Paprikaschote (etwa 200 g) halbieren, entstielen, entkernen und die weißen Scheidewände entfernen. Schote abspülen, abtropfen lassen und klein würfeln. 1 kleine Stange Porree (Lauch, etwa 150 g) putzen, längs aufschneiden, gründlich waschen und abtropfen lassen. Porree in schmale Streifen schneiden. Paprika und Porree nach 10 Minuten Garzeit unter die Hirse rühren, alles erneut aufkochen lassen. Dann bei schwacher Hitze weitere 10 Minuten garen, dabei ab und zu umrühren. Das Hirse-Gemüse mit 1–1 ½ Esslöffeln Zitronensaft, Salz und Pfeffer würzen und mit Käse überstreuen.

Zubereitung:

1. Zwiebel und Knoblauch abziehen. Beides in kleine Würfel schneiden.

2. Von dem Olivenöl 1 Esslöffel in einem kleinen Topf erhitzen. Zwiebel- und Knoblauchwürfel darin unter gelegentlichem Rühren bei mittlerer Hitze in etwa 2 Minuten andünsten. Bulgur und Kreuzkümmel hinzugeben und unter gelegentlichem Rühren 1–2 Minuten kurz mit andünsten. Die Gemüsebrühe hinzugießen. Die Zutaten einmal aufkochen lassen, dann zugedeckt bei schwacher Hitze etwa 10 Minuten ausquellen lassen, dabei 2–3-mal umrühren.

3. In der Zwischenzeit Tomaten kreuzweise einschneiden und mit kochendem Wasser übergießen. Nach 1–2 Minuten herausnehmen und mit kaltem Wasser abschrecken. Tomaten enthäuten, vierteln, entkernen und die Stängelansätze herausschneiden. Die Tomatenviertel halbieren.

4. Frühlingszwiebeln putzen, abspülen, abtropfen lassen und in feine Scheiben schneiden. Zucchini abspülen, abtrocknen und die Enden abschneiden. Zucchini längs halbieren, dann quer in Scheiben schneiden.

5. Das restliche Olivenöl in einer großen Pfanne erhitzen. Zucchini- und Frühlingszwiebelscheiben darin bei mittlerer bis starker Hitze in 3–4 Minuten leicht braun anbraten, dabei gelegentlich umrühren.

6. Den gegarten Bulgur mit den Tomaten unter das Gemüse mischen und etwa 2 Minuten bei schwacher Hitze darin erwärmen, dabei gelegentlich umrühren. Die Bulgur-Gemüse-Pfanne mit Salz, Pfeffer, etwas Kreuzkümmel und Zitronensaft abschmecken.

Dazu passt …

… ein **Petersilien-Joghurt-Dip:** Dafür 75 g Joghurt (1,5 % Fett) mit 1 gehäuften Teelöffel gehackter Petersilie (frisch oder TK) und etwas gemahlenem Kreuzkümmel (Cumin) verrühren. Den Dip nach Belieben mit etwas Salz und Pfeffer abschmecken (pro Portion etwa 0,15 Euro).

Warenkunde:

Gemahlener Kreuzkümmel ist nicht zu verwechseln mit normalem Kümmel. Kreuzkümmel hat einen besonders erdigen, charakteristischen Duft und kommt ursprünglich aus der nordafrikanischen Küche. Man findet ihn zudem als Bestandteil in anderen Gewürzmischungen wie gemahlenem Curry- oder Chilipulver. Kreuzkümmel entfaltet durch das Anrösten mit ein wenig Öl sein typisches Aroma. Im Gegensatz dazu kommt Kümmel aus Deutschland und Österreich. Er macht fette Speisen durch sein Aroma bekömmlicher.

Tipp:

Die Bulgur-Gemüse-Pfanne lässt sich auch mit der gleichen Menge Couscous, Amaranth, Quinoa oder Hirse zubereiten. Wichtig: Die Flüssigkeitsmenge für die Brühe kann variieren, dafür die Packungsanleitung beachten.

Oder so:

Zusätzlich 200 g Champignons putzen, evtl. kurz abspülen und trocken tupfen. Die Pilze je nach Größe halbieren oder vierteln. Dann mit Zucchini und Frühlingszwiebeln im heißen Öl kurz anbraten (zusätzlich pro Portion etwa 0,35 Euro).

Bulgur-Gemüse-Pfanne
Schnell gemacht und heiß geliebt

Dauert etwa 30 Minuten,
für 2 Personen.

Pro Portion etwa

Zutaten:

1 kleine Zwiebel
1 Knoblauchzehe
2 EL Olivenöl
125 g Bulgur
etwa 1 gestr. TL gem. Kreuzkümmel (Cumin)
300 ml Gemüsebrühe
3 Tomaten (etwa 300 g)
½ Bund Frühlingszwiebeln
1 mittelgroße Zucchini
Salz
gem. Pfeffer
1–2 TL Zitronensaft

Pro Portion:
E: 10 g, F: 12 g, Kh: 54 g,
kJ: 1543, kcal: 368, BE: 3,5

Kohlrabigemüse „Asia"
Raffiniert kombiniert

Zubereitung:

1. Die Zwiebel abziehen, den Ingwer schälen und beides fein würfeln. Kohlrabi schälen, abspülen, abtropfen lassen und erst in Scheiben, dann in schmale Stifte schneiden.

2. Frühlingszwiebeln putzen, abspülen, abtropfen lassen und schräg in feine Scheiben schneiden.

3. Butter oder Margarine in einem Topf zerlassen. Zwiebel- und Ingwerwürfel bzw. gemahlenen Ingwer darin bei mittlerer Hitze unter Rühren in etwa 2 Minuten andünsten. Kohlrabistifte hinzufügen und etwa 1 Minute mit andünsten. Die Brühe mit etwas Salz hinzufügen. Die Zutaten einmal aufkochen lassen, dann zugedeckt bei schwacher Hitze 8–12 Minuten garen, bis die Kohlrabistifte noch etwas bissfest sind. Dabei gelegentlich umrühren.

4. Die Frühlingszwiebelscheiben unter das Kohlrabigemüse rühren und 1–2 Minuten ohne Deckel mitgaren. Das Kohlrabigemüse mit Salz, Pfeffer, Zitronensaft und nach Belieben mit Senf abschmecken. Das Gemüse auf Tellern anrichten.

Tipps:

Die Menge reicht für 2 Personen als vegetarisches Hauptgericht. Das Gemüse ist aber auch eine leckere Beilage zu Fleisch und Salzkartoffeln – dann nur die Hälfte des Kohlrabigemüses zubereiten.
Der Zitronensaft unterstreicht den feinen Ingwergeschmack und sollte keineswegs fehlen. Auch der süße Senf gibt dem Gemüse eine besondere Note – wer aber sonst nichts damit anzufangen weiß, muss nicht extra welchen kaufen und kann darauf verzichten.

Knusper-Tipp:

Für knapp 10 Cent 2 Esslöffel Sonnenblumenkerne in einer kleinen Pfanne ohne Fett unter Wenden goldbraun rösten und auf einem Teller abkühlen lassen. Die Sonnenblumenkerne zum Schluss über das Kohlrabigemüse streuen.

Was tun mit den Resten?

Frühlingszwiebeln sind im Kühlschrank mehrere Tage lang haltbar. Die Reste kann man zum Beispiel für Gazpacho (Seite 26), Putenröllchen (S. 38), Bulgur-Gemüse-Pfanne (S. 52) oder Tortillahäppchen (S. 60) verwenden.

Pro Portion etwa

Zutaten:

1 kleine Zwiebel
10 g frischer Ingwer oder etwa
½ TL gem. Ingwer
2 Kohlrabi (etwa 650 g)
1 kleines Bund Frühlingszwiebeln
(etwa 150 g)
1 EL Butter oder Margarine
100 ml Gemüsebrühe
Salz
gem. Pfeffer
1 TL Zitronensaft

evtl. ½ TL süßer Senf

Pro Portion:
E: 5 g, F: 9 g, Kh: 15 g,
kJ: 693, kcal: 165, BE: 0,5

Zubereitung:

1. Zwiebel abziehen, halbieren und in kleine Würfel schneiden. Kohlrabi schälen, abspülen, abtropfen lassen und auf der Haushaltsreibe grob raspeln.

2. Den vorgegarten Reis in eine Schüssel geben und mit Zwiebelwürfeln, Kohlrabiraspeln, Mehl und Ei gut vermischen. Reis-Kohlrabi-Masse mit Salz und Pfeffer kräftig würzen.

3. Das Öl in einer großen Pfanne erhitzen. Jeweils etwa 1–1 ½ gut gehäufte Esslöffel der Reismasse zu kleinen, dicken Puffern darin verstreichen (insgesamt 6 Stück). Die Reis-Kohlrabi-Puffer von jeder Seite bei mittlerer bis starker Hitze in etwa 4 Minuten goldbraun und knusprig braten.

4. Für den Schinkenquark den Quark mit der Milch glatt rühren. Die Schinkenwürfel unterheben, mit Salz, Pfeffer und Paprikapulver würzen. Die Reis-Kohlrabi-Puffer mit dem Schinkenquark anrichten.

Dazu passt:
Ein frischer grüner Salat oder lieber gleich die doppelte Portion Schinkenquark.

Tipp:
Für 200 g vorgegarten Reis benötigt man etwa 75 g rohen Reis. Diesen nach Packungsanleitung in Salzwasser garen, evtl. in ein Sieb abgießen und anschließend gut abkühlen lassen.

Vegetarier?
Dann die Schinkenwürfel weglassen und durch etwa 1 Esslöffel gehackte Kräuter – zum Beispiel Petersilie oder Schnittlauch (frisch oder tiefgekühlt) – ersetzen.

Was tun mit den Resten?
Schinkenwürfel passen auch gut zu Rührei oder Kartoffelgerichten. In einer Pfanne ohne Fett kann man sie knusprig auslassen.

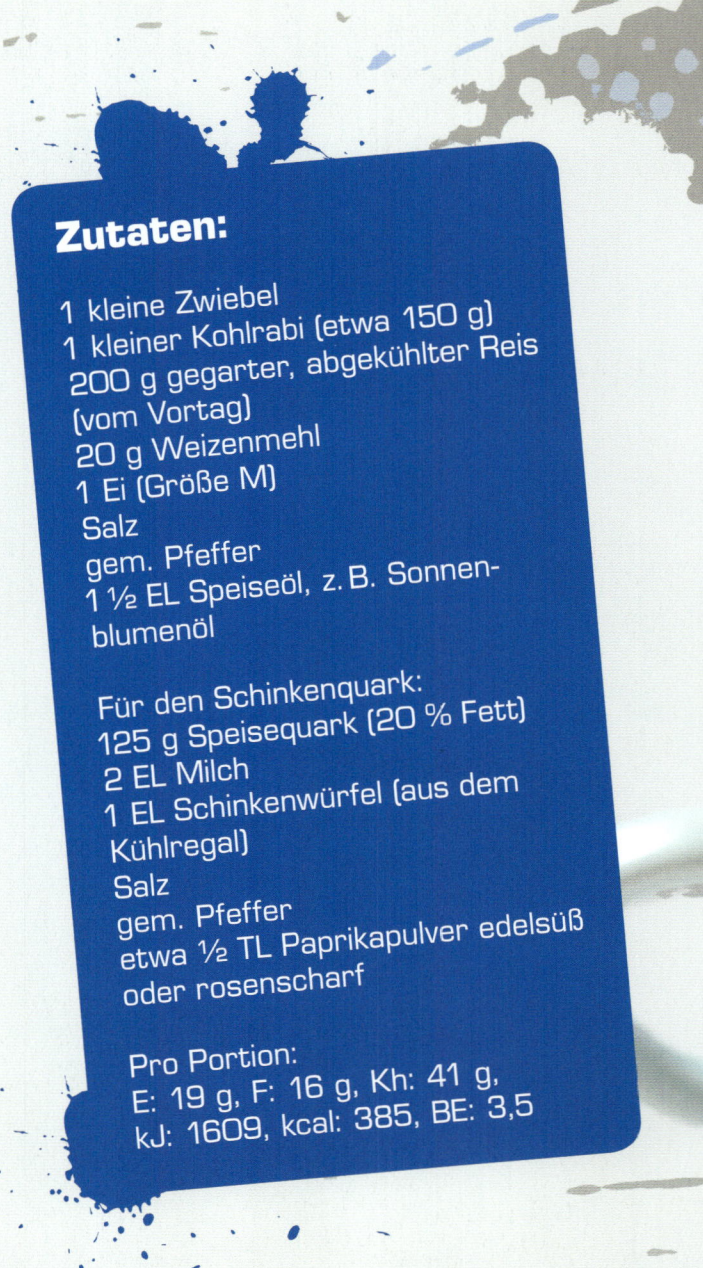

Zutaten:

1 kleine Zwiebel
1 kleiner Kohlrabi (etwa 150 g)
200 g gegarter, abgekühlter Reis (vom Vortag)
20 g Weizenmehl
1 Ei (Größe M)
Salz
gem. Pfeffer
1 ½ EL Speiseöl, z. B. Sonnenblumenöl

Für den Schinkenquark:
125 g Speisequark (20 % Fett)
2 EL Milch
1 EL Schinkenwürfel (aus dem Kühlregal)
Salz
gem. Pfeffer
etwa ½ TL Paprikapulver edelsüß oder rosenscharf

Pro Portion:
E: 19 g, F: 16 g, Kh: 41 g,
kJ: 1609, kcal: 385, BE: 3,5

Auch lecker:
Für **Reispuffer mit Möhre und Frühlingszwiebeln** statt der Zwiebel und dem Kohlrabi 1 Möhre (etwa 100 g) und 1–2 dicke Frühlingszwiebeln (etwa 40 g) nehmen. Möhre putzen, schälen, abspülen, abtropfen lassen und fein raspeln. Frühlingszwiebeln putzen, abspülen, abtropfen lassen und in feine Scheiben schneiden. Das Gemüse mit Reis, Mehl, Eiern und den Gewürzen vermischen und wie beschrieben 6 Puffer braten. Den Quark mit 1 Esslöffel gehackten Kräutern statt der Schinkenwürfel zubereiten und zu den Puffern genießen (pro Portion etwa 0,70 Euro).

Reis-Kohlrabi-Puffer
mit Schinkenquark
Knusprig & extragünstig

Dauert etwa 25 Minuten,
für 2 Personen.

Pro Portion etwa

Spanische Eierpfanne
Die passt immer ins Budget

Dauert etwa 25 Minuten,
für 2 Personen.

Pro Portion etwa

Zutaten:

400 g geschälte Tomaten mit
Saft (aus der Dose)
1 kleine Zwiebel
1–2 grüne Peperoni
1 EL Sonnenblumenöl
Salz
gem. Pfeffer
1 Prise Zucker
4 Eier (Größe M)

Pro Portion:
E: 15 g, F: 16 g, Kh: 8 g,
kJ: 971, kcal: 232, BE: 0,5

Zubereitung:

1. Die Tomaten in ein Sieb
abgießen, dabei den Tomatensaft auffangen.
Tomaten aus dem Sieb nehmen, in mundgerechte Stücke
schneiden und zum Abtropfen zurück ins Sieb geben.

2. In der Zwischenzeit Zwiebel abziehen und fein würfeln. Peperoni längs aufschneiden, entkernen und die Scheidewände
herausschneiden. Peperoni abspülen, trocken tupfen und in
Streifen schneiden.

3. Das Öl in einer großen Pfanne erhitzen. Zwiebelwürfel
und Peperonistreifen darin bei mittlerer Hitze in
etwa 2 Minuten andünsten. Den aufgefange-
nen Tomatensaft hinzugießen, mit Salz,
Pfeffer und Zucker kräftig würzen. Die
Zutaten in 3–4 Minuten bei starker
Hitze zu einer dickflüssigen Tomatensauce einkochen lassen.

4. In der Zwischenzeit die Eier mit einer Gabel
gut verschlagen.

5. Die Tomatenstücke gleichmäßig in der heißen
Pfanne verteilen. Die Eier darübergießen und
zugedeckt bei schwacher Hitze in 8–10 Minuten
garen – die Eier sollten vollständig gestockt sein.
Die spanische Eierpfanne sofort servieren.

Dazu passt:
Ein grüner Salat.

Tipp:
Wer es gerne extrascharf mag, nimmt statt der Peperoni 1 Chilischote oder würzt die Tomatensauce zusätzlich mit Paprikapulver rosenscharf.

Oder lieber mild?
Dann statt der Peperoni 1 Esslöffel gehackte Kräuter
wie Petersilie oder Schnittlauch (frisch oder tiefgekühlt)
mit den verquirlten Eiern zur Tomatensauce geben.

Cremig-locker ...
... wird die Eierpfanne, wenn man die Eier wirklich
richtig gründlich verschlägt und danach bei schwacher
Hitze stocken lässt.

Noch Pilze übrig?
Dann für eine **Eierpfanne mit Pilzen** auf die Dosentomaten verzichten, stattdessen etwa 200 g Pilze
putzen, evtl. kurz abspülen und trocken tupfen. Pilze in
dünne Scheiben schneiden. Pilzscheiben mit Peperonistreifen in heißem Öl in etwa 4 Minuten bei mittlerer
bis starker Hitze andünsten. Die Pilze mit Salz und
Pfeffer würzen. Die verschlagenen Eier hinzugießen und
alles zugedeckt bei kleiner Hitze in etwa 10 Minuten
stocken lassen (dann pro Portion etwa 0,90 Euro).

Zubereitung:

1. Paprikaschote halbieren, entstielen, entkernen und die weißen Scheidewände entfernen. Schoten abspülen, abtropfen lassen und in feine Streifen schneiden. Frühlingszwiebeln putzen, abspülen, abtropfen lassen und in etwa 5 cm lange Stücke schneiden. 3–4 Stücke davon in feine Scheiben schneiden und beiseitelegen. Knoblauch abziehen, durch eine Knoblauchpresse drücken oder sehr fein hacken.

2. Von dem Öl 1 Esslöffel in einer großen Pfanne (Ø 20 cm) erhitzen. Die Paprikastreifen, Frühlingszwiebelstücke und den Knoblauch hineingeben und darin bei mittlerer Hitze in etwa 2 Minuten unter gelegentlichem Rühren andünsten. Das Gemüse mit Salz und Pfeffer würzen, aus der Pfanne nehmen und abkühlen lassen.

3. Die Eier mit Salz, Pfeffer und Tabasco verschlagen. Das restliche Öl in der Pfanne erhitzen. Die Eiermasse hineingeben und zugedeckt bei schwacher Hitze in etwa 8 Minuten garen, das Ei sollte vollständig gestockt sein.

4. Das Omelett aus der Pfanne nehmen und in 8 Tortenstücke schneiden. Auf jedes Stück am breiteren Ende die Paprikastreifen und die Frühlingszwiebelstücke gleichmäßig verteilen. Die Omelettspitzen jeweils über das Gemüse nach oben klappen und mit einem kleinen Holzspieß feststecken. Die Tortilla-Stücke auf einem Teller anrichten und mit den Frühlingszwiebelscheiben bestreuen.

Lust auf einen Tapas-Abend?

Dann die Tortilla-Stücke zusammen mit anderen typischen Tapas-Leckereien lieben Freuden anbieten. Wie wäre es mit gesalzenen Mandeln, gefüllten Oliven und gerösteten Weißbrotwürfeln?

Allein und Lust auf Tortilla?

Für **Tortilla mit Cocktailtomaten und Zwiebeln** (1 Portion) zum etwa gleichen Preis 100 g Zwiebeln abziehen, halbieren und in feine Streifen schneiden. Etwa 7 Cocktailtomaten abspülen, abtrocknen und quer halbieren. 1 Esslöffel Olivenöl in einer Pfanne (Ø etwa 14 cm) erhitzen. Die Zwiebelstreifen darin unter gelegentlichem Rühren bei mittlerer Hitze in 3–4 Minuten andünsten. In der Zwischenzeit 2 Eier

Zutaten:

1 rote Paprikaschote (etwa 200 g)
1 kleines Bund Frühlingszwiebeln (etwa 125 g)
1 Knoblauchzehe
2 EL Olivenöl
Salz
gem. Pfeffer
4 Eier (Größe M)
3–4 Spritzer Tabasco

Außerdem:
8 kleine Holzspieße

Pro Portion:
E: 15 g, F: 21 g, Kh: 12 g,
kJ: 1229, kcal: 294, BE: 1,0

(Größe M) mit Salz und Pfeffer verschlagen und zu den Zwiebelstreifen in die Pfanne gießen. Die Tomatenhälften mit der Wölbung nach unten auf dem schon leicht gestockten Eierkuchen verteilen, etwas andrücken. Tortilla zugedeckt bei schwacher Hitze etwa 10 Minuten stocken lassen. Dann vom Pfannenrand lösen, auf einen Teller gleiten lassen, mit Salz und Pfeffer würzen.

Tortillahäppchen
So schön bunt

Dauert etwa 35 Minuten, für 2 Portionen.

Zutaten:

500 g mehligkochende Kartoffeln
Salz
25 g Kürbiskerne
1 kleine Zwiebel
1 Knoblauchzehe
2–3 EL Speiseöl
1–2 EL TK-Petersilie
gem. Pfeffer
1 Ei (Größe M)
etwas Weizenmehl
etwas Paniermehl

Pro Portion:
E: 14 g, F: 21 g, Kh: 48 g,
kJ: 1858, kcal: 443, BE: 4,0

Zubereitung:

1. Kartoffeln schälen, abspülen und evtl. halbieren. Die Kartoffeln knapp mit Wasser bedeckt, zugedeckt zum Kochen bringen, Salz hinzufügen. Die Kartoffeln in etwa 20 Minuten gar kochen.

2. In der Zwischenzeit Kürbiskerne in einer Pfanne ohne Fett unter Wenden anrösten. Kürbiskerne auf ein Brettchen geben und in Stücke hacken. Die Zwiebel und den Knoblauch abziehen. Beides in sehr feine Würfel schneiden.

3. In einer Pfanne 1 Esslöffel von dem Speiseöl erhitzen. Die Zwiebel- und Knoblauchwürfel darin andünsten. Die Petersilie mit den Kürbiskernen dazugeben. Die Mischung auf einen Teller geben.

4. Kartoffeln abgießen, kurz abdämpfen lassen und mit einem Kartoffelstampfer kräftig zerstampfen. Die Zwiebelmischung zu den Kartoffeln geben und alles gut vermengen. Die Kartoffelmasse mit Salz und Pfeffer würzen, anschließend etwa 20 Minuten ruhen lassen.

5. Das Ei verquirlen. Die Kartoffelmasse mit feuchten Händen zu kleinen Bällchen formen und diese flach drücken. Kartoffelfrikadellen erst in Mehl, dann in Ei und zuletzt in Paniermehl wenden.

6. Das restliche Speiseöl portionsweise in einer großen Pfanne erhitzen und die Frikadellen bei mittlerer Hitze etwa 5 Minuten von beiden Seiten goldgelb braten.

Tipp:
Dazu schmeckt der Kräuterdip von Seite 22. Am besten die doppelte Portion zubereiten.

Buletten für Vegetarier
Kartoffelfrikadellen

Dauert etwa 20 Minuten, ohne Koch- und Ruhezeit, für 2 Personen.

Pro Portion etwa

Zutaten:

1 kg festkochende Kartoffeln
2 EL Olivenöl
Salz
85 g abgetropfte grüne Oliven
mit Paprikafüllung (aus dem
Glas)
1–2 EL TK-Petersilie
gem. Pfeffer

Pro Portion:
E: 9 g, F: 15 g, Kh: 65 g,
kJ: 1852, kcal: 441, BE: 5,5

Zubereitung:

1. Kartoffeln schälen, abspülen, abtropfen lassen und in etwa 1 ½ cm große Würfel schneiden.

2. Das Olivenöl in einer großen Pfanne erhitzen. Die Kartoffelwürfel darin bei starker Hitze unter gelegentlichem Rühren in etwa 10 Minuten rundherum braun anbraten.

3. Die Kartoffelwürfel mit etwas Salz bestreuen, dann zugedeckt bei schwacher Hitze etwa 10 Minuten weitergaren, dabei 3–4-mal umrühren.

4. In der Zwischenzeit die Oliven in Scheiben schneiden.

5. Die Olivenscheiben mit der Petersilie unter die Kartoffelwürfel mischen und etwa 2 Minuten erwärmen. Die Olivenkartoffeln mit Salz und Pfeffer würzen.

Dazu passt:

Eine selbst gemachte **spanische Paprikasauce (Mojo).** Dafür 1 rote Paprikaschote (etwa 200 g) halbieren, entstielen, entkernen und die weißen Scheidewände entfernen. Schotenhälften abspülen, abtropfen lassen und in kleine Würfel schneiden. Paprikawürfel in einer Pfanne ohne Fett bei mittlerer bis starker Hitze in etwa 10 Minuten braun anbraten, dabei gelegentlich umrühren. Etwa 125 ml Wasser angießen, alles einmal aufkochen lassen und die Paprikawürfel zugedeckt bei schwacher Hitze in etwa 10 Minuten gar dünsten. Die Pfanne von der Kochstelle nehmen. 1–2 Knoblauchzehen abziehen, grob hacken und mit den Paprikawürfeln in einen hohen Rührbecher geben. 1 Esslöffel Sherry-Essig (oder anderen milden Essig) und 1 Esslöffel Olivenöl hinzufügen. Die Zutaten zu einer glatten Sauce pürieren, mit Salz und Pfeffer abschmecken (pro Portion zusätzlich etwa 0,70 Euro). – Die Paprikasauce am besten gleich in doppelter Menge zubereiten. Sie bleibt im Kühlschrank mehrere Tage frisch und passt nicht nur zu Olivenkartoffeln, sondern auch zu Fisch, Fleisch und Gemüse.

Tipp:

Statt roher Kartoffeln gegarte Pellkartoffeln (vom Vortag) nehmen, dann entfällt die Garzeit der Kartoffelwürfel. Dafür Pellkartoffeln pellen, würfeln und in Öl rundherum braun anbraten. Dann wie in Punkt 4 beschrieben weiter nach Rezept vorgehen.

Oder wunderbar würzig mit Kapern:

Fürs etwa gleiche Budget statt der grünen Oliven und der Petersilie 50 g schwarze, entsteinte Oliven, 1 abgezogene, fein gehackte Knoblauchzehe und 2 Teelöffel Kapern nehmen. Die Kartoffelwürfel wie beschrieben anbraten, schwarze Oliven in Scheiben schneiden, mit Knoblauch und den abgetropften Kapern unter die Kartoffeln mischen, alles kurz erwärmen.

Olivenkartoffeln
Bratkartoffelverhältnis
auf Spanisch

Dauert etwa 30 Minuten,
für 2 Personen.

Kartoffel-Paprika-Pfanne
So herrlich herzhaft

Dauert etwa 35 Minuten,
für 2 Personen.

Pro Portion etwa

Zubereitung:

1. Kartoffeln schälen, abspülen, abtropfen lassen und in dünne Scheiben schneiden. Kartoffelscheiben knapp mit Wasser bedeckt, zugedeckt zum Kochen bringen, Salz hinzufügen. Die Kartoffeln etwa 5 Minuten köcheln lassen, dann abgießen und gut abtropfen lassen.

2. In der Zwischenzeit Tomatenpaprika quer in schmale Streifen schneiden.

3. Das Olivenöl in einer großen Pfanne erhitzen. Die Kartoffelscheiben darin bei mittlerer bis starker Hitze in etwa 6 Minuten anbraten, dabei 3-4-mal wenden.

4. Die Paprikastreifen hinzufügen und vorsichtig untermischen. Die Kartoffel-Paprika-Pfanne mit Salz, Pfeffer, Knoblauch sowie italienischen Kräutern würzen und weitere etwa 2 Minuten garen, dabei gelegentlich umrühren. Die Kartoffel-Paprika-Pfanne sofort servieren.

Dazu passt:

Für jeden ein Spiegelei (pro Portion etwa 0,30 Euro).

Tipps:

Beim Anbraten zerfallen die vorgegarten Kartoffelscheiben leicht. Deshalb möglichst selten wenden.
Noch schneller geht es mit vorgegarten Kartoffeln vom Vortag. Kartoffeln in Scheiben schneiden und gleich in der Pfanne anbraten.
Auch rohe Kartoffelscheiben lassen sich in der Pfanne anbraten. Dann aber etwas mehr Zeit und mehr Fett einplanen.

Zutaten:

800 g möglichst kleine festkochende Kartoffeln
Salz
300 g abgetropfte Tomatenpaprika (aus dem Glas)
2 EL Olivenöl
gem. Pfeffer
gem. Knoblauch
1 gestr. TL getrocknete italienische Kräuter

Pro Portion.
E: 8 g, F: 11 g, Kh: 59 g,
kJ: 1552, kcal: 369, BE: 5,0

Sehr großen Hunger?

Dann für 2 Personen lieber 1 Kilogramm Kartoffeln einplanen. Gibt es allerdings zusätzlich noch 1 Spiegelei oder einen großen Salat, sollten 600 g Kartoffeln ausreichen.

Noch frische Paprika im Haus?

Dann diese statt der Tomatenpaprika aus dem Glas nehmen. Es sollten etwa 300 g sein. Diese halbieren, entstielen, entkernen und die weißen Scheidewände entfernen. Die Schotenhälften abspülen, abtropfen lassen, in schmale Streifen schneiden und 3–4 Minuten mitgaren.

Zutaten:

225 g TK-Blätterteig
(3 rechteckige Platten)
150 g Schafs- oder Hirtenkäse
1 ½ EL TK-Petersilie
gem. Pfeffer
evtl. Salz

Pro Stück:
E: 3 g, F: 5 g, Kh: 5 g,
kJ: 331, kcal: 79, BE: 0,5

Blätterteigschnecken
Aufrollen, aufschneiden, aufbacken … aufessen

Dauert etwa 20 Minuten, ohne Auftauzeit.
Backzeit: etwa 13 Minuten, für 2 Personen bzw. 16 Stück.

Zubereitung:

1. Blätterteig nach Packungsanleitung auftauen lassen.
Den Backofen vorheizen.
Ober-/Unterhitze: etwa 220 °C
Heißluft: etwa 200 °C

2. Den Käse in eine Schüssel geben und mit einer Gabel zerdrücken. Petersilie unterrühren und alles mit Pfeffer und nach Belieben etwas Salz abschmecken.

3. Die Blätterteigplatten übereinander legen und zu einem Rechteck (etwa 20 x 40 cm) ausrollen. Das Teigrechteck mit der Käsemasse bestreichen, dabei rundherum einen etwa 1 cm breiten Rand frei lassen. Das Teigrechteck vorsichtig von der breiten Seite her eng aufrollen. Die Rolle in etwa 16 Scheiben (je etwa 2 cm breit) schneiden.

4. Die Blätterteigscheiben mit etwas Abstand nebeneinander auf ein Backblech (mit Backpapier belegt) legen und leicht flach drücken. Das Backblech in den vorgeheizten Backofen (Mitte) schieben. Die Blätterteigschnecken **etwa 13 Minuten backen.**

5. Die Blätterteigschnecken mit dem Backpapier von dem Backblech auf einen Kuchenrost ziehen. Blätterteigschnecken warm oder kalt genießen.

Dazu passt:
Ein frischer grüner Salat.

Tipps:
Wer mag, bestreicht die Blätterteigschnecken zusätzlich mit etwas Milch oder einem verquirltem Ei bzw. Eigelb.

Schafs- oder Hirtenkäse ist bereits relativ salzig und muss nur eventuell leicht nachgesalzen werden.

Auch lecker:
Für **Blätterteigschnecken mit Tomaten und Kapern** die gleiche Menge Blätterteig wie beschrieben zu einem Rechteck ausrollen. 2 Esslöffel abgetropfte Kapern fein hacken und mit 80 g Tomatenmark verrühren. Die Masse mit Salz, Pfeffer und Cayennepfeffer abschmecken und wie beschrieben auf das Teigrechteck streichen, aufrollen, in 16 Scheiben schneiden und backen (pro Portion etwa 1,15 Euro).

Gebackener Käse

Dauert etwa 10 Minuten.
Backzeit: etwa 20 Minuten,
für 2 Personen.

Wie beim Griechen um die Ecke

Pro Portion etwa

Zubereitung:

1. Den Backofen vorheizen.
Ober-/Unterhitze: etwa 220 ° C
Heißluft: etwa 200 °C

2. Tomaten abspülen, abtrocknen, in Scheiben schneiden und dabei die Stängelansätze herausschneiden. Paprikaschote halbieren, entstielen, entkernen und die weißen Scheidewände entfernen. Schotenhälften abspülen, abtropfen lassen und in kleine Würfel schneiden. Den Käse quer halbieren.

3. Aus doppelt gefalteter Alufolie 2 rechteckige Formen (je etwa 30 x 40 cm) falten und dünn mit etwas Olivenöl auspinseln. Jeweils 1 Käsestück darauflegen, mit Tomatenscheiben, Paprikawürfeln und Oliven belegen. Alles kräftig mit Kräutern der Provence, Pfeffer und nach Belieben etwas Salz würzen. Das restliche Olivenöl darüber träufeln. Die Alufolie locker über dem Käse zusammenschlagen und die Enden fest verschließen.

4. Die Käsepäckchen auf einem Backblech in den vorgeheizten Backofen (Mitte) schieben und etwa **20 Minuten backen** (der Käse soll nicht zerlaufen sein). Den Käse vorsichtig aus der Folie wickeln und servieren.

Dazu passt:

Knusprig-frisches Bauern- oder Fladenbrot.

Sommer-Tipp:

Im Sommer kann man die Käsepäckchen auf den heißen Grillrost legen und 12–15 Minuten garen.

Für die Linie:

Wer Kalorien einsparen möchte, nimmt fettreduzierten Schafskäse mit etwa 9 % Fett.

Was tun mit den Resten?

Eingelegte Oliven halten sich mehrere Tage im Kühlschrank frisch.

Preisgleich:

Für **panierten Käse mit Spinat** (aus der Pfanne) 1 kleine Zwiebel und 1 Knoblauchzehe abziehen, beides fein würfeln und in einem Topf in 1 Esslöffel Speiseöl andünsten. 250 g gefrorenen Blattspinat mit 4–5 Esslöffeln Wasser hinzufügen und zugedeckt bei mittlerer Hitze in etwa 18 Minuten garen (Packungsanleitung beachten), dabei ab und zu umrühren. Inzwischen 1 Ei mit einer Gabel in einem tiefen Teller verschlagen. Auf einen anderen Teller 2 Esslöffel Semmelbrösel geben. 250 g Schafskäse halbieren, zuerst im Ei, dann in den Semmelbröseln wenden. In einer beschichteten Pfanne 1 weiteren Esslöffel Speiseöl erhitzen. Hirtenkäse darin bei mittlerer bis starker Hitze von jeder Seite in 3–4 Minuten goldbraun braten. (Der Käse läuft beim Braten etwas auseinander, deshalb eher bei starker Hitze braten und mit einem Pfannenwender wenden.) Spinat mit Salz, Pfeffer und geriebener Muskatnuss abschmecken und mit dem paniertem Käse anrichten.

Zutaten:

2 kleine Tomaten
1 kleine grüne Paprikaschote
(etwa 150 g)
250 g Hirten- oder Schafskäse
1–1 ½ EL Olivenöl
40 g abgetropfte schwarze,
entsteinte Oliven (aus dem Glas)
½ TL gem. Kräuter der Provence
gem. Pfeffer
evtl. etwas Salz

Außerdem:
Alufolie

Pro Portion:
E: 28 g, F: 37 g, Kh: 6 g,
kJ: 1961, kcal: 469, BE: 0,5

Zutaten:

125 g Gruyère (am Stück)
1 Ei (Größe S oder M)
1 EL trockener Weißwein oder
Gemüsebrühe
½ Knoblauchzehe
ger. Muskatnuss
gem. Pfeffer
4 Scheiben Bauernbrot
evtl. Paprikapulver edelsüß oder
rosenscharf
evtl. abgespülte, trocken getupfte
Schnittlauchhalme

Pro Portion:
E: 25 g, F: 23 g, Kh: 42 g,
kJ: 2038, kcal: 487, BE: 3,5

Käsebrot aus dem Ofen
Schnell was Warmes

Dauert etwa 20 Minuten,
für 2 Personen.

Pro Portion etwa

Zubereitung:

1. Den Backofen vorheizen.
Ober-/Unterhitze: etwa 220 °C
Heißluft: etwa 200 °C

2. Den Käse fein in eine Schüssel reiben. Ei, Wein oder Gemüsebrühe hinzufügen. Die Zutaten gut verrühren. Knoblauch abziehen, durch eine Knoblauchpresse dazu drücken oder fein hacken und hinzufügen. Die Käsemasse mit Muskatnuss und Pfeffer würzen.

3. Die Bauernbrotscheiben mit der Käsemasse dick bestreichen und auf einen Backofenrost (mit Backpapier belegt) legen. Den Rost in den vorgeheizten Backofen (Mitte) schieben. Die Brote **etwa 7 Minuten überbacken.**

4. Die Käsebrote nach Belieben mit etwas Paprikapulver bestäuben, mit Schnittlauchhalmen garnieren und anschließend sofort genießen.

Dazu passt:

Gemischte Rohkost wie klein geschnittene Radieschen, Tomaten, Salatgurke oder Paprika.

Tipps:

Noch schneller und meist noch etwas preiswerter – es lassen sich etwa 50 Cent sparen – gelingen die Brote, wenn Sie 150 g fertig geriebenen Gouda- oder Pizzakäse statt Gruyère verwenden. Die Brote schmecken dann allerdings nicht so kräftig-würzig.
Wer es weniger herzhaft mag, nimmt kein Bauern-, sondern Toastbrot.

Zutaten:

200 g dünne magere Schweineschnitzel
1–2 EL Olivenöl
1 EL Gyros-Gewürzmischung
1 Zwiebel
2 kleine Tomaten (etwa 125 g)
125 g Weißkohl

Für die Knoblauchsauce:
125 g Magerquark
125 g Joghurt (1,5 % Fett)
1–2 Knoblauchzehen
Salz
gem. Pfeffer

3 Pita-Brottaschen

Pro Stück:
E: 29 g, F: 8 g, Kh: 43 g,
kJ: 1508, kcal: 360, BE: 3,5

Gut gefüllt
Gyros im Pita-Brot

Dauert etwa 20 Minuten, ohne Marinierzeit, für 3 Stück, (1–2 Stück pro Person).

Zubereitung:

1. Die Schweineschnitzel mit Küchenpapier trocken tupfen. Das Fleisch in dünne Streifen schneiden.

2. Das Olivenöl mit der Gyros-Gewürzmischung verrühren. Die Fleischstreifen darin etwa 20 Minuten marinieren lassen, dabei die Fleischstreifen zwischendurch 2–3-mal wenden.

3. In der Zwischenzeit die Zwiebel abziehen und in dünne Ringe schneiden. Tomaten abspülen, abtrocknen und in dünne Scheiben schneiden.

4. Vom Weißkohl die äußeren Blätter entfernen. Den Kohl vierteln und in feine Streifen schneiden. Die Kohlstreifen waschen, gut abtropfen lassen oder trocken schleudern. Kohlstreifen mit Zwiebelringen und Tomatenscheiben mischen.

5. Eine große Pfanne erhitzen. Das marinierte Gyrosfleisch mit dem Würzöl in die Pfanne geben und darin unter gelegentlichem Wenden bei mittlerer bis starker Hitze in 8–10 Minuten braun anbraten.

6. Für die Knoblauchsauce in der Zwischenzeit den Quark mit dem Joghurt in einer Schüssel glatt rühren. Knoblauchzehen abziehen und durch eine Knoblauchpresse drücken oder sehr fein hacken. Den Knoblauch unter den Joghurtquark rühren. Die Knoblauchsauce mit Salz und Pfeffer abschmecken.

7. Die Pita-Brottaschen im Toaster nach Packungsanleitung toasten und dann die Brottaschen mit dem Gyros, dem vorbereiteten Gemüse und der Knoblauchsauce füllen.

Pro Portion etwa

Tipps:

Statt Weißkohl Eisbergsalat nehmen – vielleicht ist noch was vom Club Sandwich (Seite 79) übrig?
Für manche Menschen ist roher Weißkohl nicht so bekömmlich. Dann einfach die Kohlstreifen mit gut ¼ Teelöffel Salz ordentlich verkneten und etwa 1 Stunde durchziehen lassen. Anschließend die entstanden Flüssigkeit abgießen und den Kohl weiterverarbeiten.

Es geht auch vegetarisch:

Für **vegetarische Pita-Brottaschen** (3 Stück) das Schweinefleisch komplett weglassen. Dafür zusätzlich je ½ grüne und ½ gelbe Paprikaschote (je etwa 100 g) evtl. entstielen, entkernen und die weißen Scheidewände entfernen. Schotenhälften abspülen, abtropfen lassen und in dünne Streifen schneiden. In einer großen Pfanne 1 Esslöffel Olivenöl erhitzen. Die Paprikastreifen und die Hälfte der Zwiebelringe mit etwa ¼ Esslöffel Gyros-Gewürzmischung darin unter gelegentlichem Rühren bei mittlerer bis großer Hitze in 3–4 Minuten bissfest garen. Die Zutaten kurz abkühlen lassen und mit dem vorbereiteten Gemüse (restliche Zwiebelringe, Tomatenscheiben und Weißkohlstreifen) vermischen. Die getoasteten Pita-Brottaschen mit dem Gemüse und der Knoblauchsauce füllen. Dann kostet 1 Pita-Brottasche etwa 0,85 Euro.

Rohkost mit zweierlei Dips

Dauert etwa 25 Minuten, für 2 Personen.

Knabbern auf die gesunde Art

Zubereitung:

1. Möhre putzen, schälen, abspülen und abtropfen lassen. Möhren in längere Stücke schneiden. Tomaten abspülen, abtrocknen, halbieren und evtl. die Stängelansätze herausschneiden. Radieschen putzen, abspülen, abtropfen lassen, halbieren oder in Scheiben schneiden.

2. Staudensellerie putzen und die harten Außenfäden abziehen. Sellerie abspülen und abtropfen lassen. Sellerie in etwa 5 cm lange Stücke schneiden. Kohlrabi schälen, abspülen, abtropfen lassen und in dickere Stifte schneiden.

3. Fenchelknolle putzen, abspülen, abtropfen lassen und in Achtel schneiden. Salatgurke nach Belieben schälen. Dann abspülen, abtrocknen und in dünne Scheiben schneiden. Das vorbereitete Gemüse in Schälchen oder auf Tellern anrichten.

4. Für die Dips Quark mit Schmand in einer Schüssel glatt rühren. Den Quarkschmand in 2 gleich große Portionen teilen. Unter eine Hälfte die Tomaten-Chili-Sauce rühren, mit Salz, Pfeffer und Chili pikant abschmecken. Unter die andere Hälfte die Kräuter mischen, mit Salz und Pfeffer abschmecken. Beide Dips zu dem Gemüse servieren.

Dazu passt:

Frisches Baguettebrot oder Vollkornbrot.

Leichter wird's ...

... mit Magerquark. Für die Cremigkeit dann zusätzlich 1–2 Esslöffel Milch oder Mineralwasser mit dem Schmand unterrühren.

Je nach Saison:

Besonders die Preise für Gemüse (und Obst) sind von der Jahreszeit bzw. dem saisonalen Angebot abhängig. Statt der bunten Vielfalt im Rezept reichen auch 2–4 verschiedene Gemüsesorten. Je nach Jahreszeit immer das aktuelle Gemüse dafür einplanen.

Noch Kapern da?

Dann zu der Rohkost eine laktosefreie und fast preisgleiche **Kapern-Sauce** statt der Dips zubereiten: Dafür je 1 kleine Zwiebel und Knoblauchzehe abziehen, beides fein hacken und in 1 Esslöffel Olivenöl andünsten. 2–3 Esslöffel abgetropfte Kapern fein hacken und mit 4 Esslöffeln Wasser und 1 ½ Esslöffeln Weißweinessig hinzufügen. Die Zutaten einmal aufkochen lassen, dann bei kleiner Hitze 3–4 Minuten einköcheln lassen. Den Topf von der Kochstelle nehmen. 1 Esslöffel Olivenöl und 1 Esslöffel gehackte Petersilie (frisch oder tiefgekühlt) unterrühren. Die Sauce etwas abkühlen lassen, dann mit Salz und Pfeffer würzen und über das vorbereitete Gemüse geben.

Zutaten:

1 Möhre
6 Cocktailtomaten
6 Radieschen
4 Stangen Staudensellerie
1 kleiner Kohlrabi (etwa 150 g)
1 kleine Fenchelknolle (etwa 150 g)
100 g Salatgurke

Für die Dips:
250 g Quark (20 % Fett)
200 g Schmand (Sauerrahm)
1 EL Tomaten-Chili-Sauce
Salz
gem. Pfeffer
¼ TL gem. Chili
2 EL TK-italienische Kräuter

Pro Portion:
E: 24 g, F: 32 g, Kh: 23 g,
kJ: 2021, kcal: 481, BE: 1,5

Club Sandwich
Zwischen den Vorlesungen

Dauert etwa 20 Minuten, für 2 Personen.

Pro Portion etwa

Zutaten:

50 g Eisbergsalat
2 Scheiben Bacon (Frühstücks-speck, etwa 25 g)
50 g Remoulade (aus der Tube)
2 Scheiben Vollkorn-Sandwich-Toastbrot
1 kleine Tomate
2 Scheiben Putenbrust-aufschnitt (etwa 25 g)

Außerdem:
evtl. 4 Zahnstocher

Pro Portion:
E: 8 g, F: 18 g, Kh: 16 g,
kJ: 1084, kcal: 260, BE: 1,0

Zubereitung:

1. Den Salat putzen, abspülen und gut abtropfen lassen und in feine Streifen schneiden.

2. Bacon in einer Pfanne ohne Fett langsam knusprig braun braten. Nicht zu schnell, sonst bleibt nichts vom Bacon übrig. Remoulade mit den Salatstreifen vermischen und auf die Toastbrotscheiben streichen.

3. Tomate abspülen, abtrocknen und den Stängelansatz herausschneiden. Tomate in Scheiben schneiden. Auf 1 Toastbrotscheibe zuerst die Tomatenscheiben, dann den Putenbrustaufschnitt und zuletzt die knusprigen Baconscheiben legen. Die andere Toastbrotscheibe mit der bestrichenen Seite auf die belegte Toastbrotscheibe legen und gut andrücken.

4. Das Sandwich diagonal durchschneiden, sodass 2 Dreiecke entstehen. Die Sandwiches nach Belieben mit den Zahnstochern fixieren.

Dazu passen:

Pommes frites, ganz klassisch wie im Hilton. Für Jeden etwa 150 g einplanen (pro Portion etwa 0,25 Euro).

Tipp:

Statt Eisbergsalat schmeckt auch Rucola (Rauke) super.

Gefüllte Baguettebrötchen
Transportgeeignet

Zutaten:

1 Tomate
75 g Salatgurke
50 g Kochschinken
100 g Camembert
einige Salatblätter
einige Kräuterblättchen, z. B. Basilikum, Petersilie
2 Baguettebrötchen (je etwa 80 g)
20 g Butter

Pro Stück:
E: 23 g, F: 22 g, Kh: 42 g,
kJ: 1928, kcal: 461, BE: 3,5

Dauert etwa 10 Minuten, für 2 Personen.

Zubereitung:

1. Tomate abspülen, abtrocknen, halbieren und den Stängelansatz herausschneiden. Gurke abspülen, abtrocknen und die Enden abschneiden. Tomate und Gurke in dünne Scheiben schneiden.

2. Kochschinken in Streifen, Camembert in Scheiben schneiden. Die Salatblätter und Kräuterblättchen abspülen und trocken tupfen.

3. Die Baguettebrötchen waagerecht halbieren und mit Butter bestreichen. Die unteren Hälften nacheinander mit Salatblättern, Tomaten-, Gurken-, Camembertscheiben, Schinkenstreifen und Kräuterblättchen belegen, mit den oberen Brötchenhälften belegen.

Tipp:

Die Gurken- und Tomatenscheiben noch mit etwas Pfeffer bestreuen.

Auch lecker:

Für 2 **Snackbrötchen mit Putenbrust und Sprossen** ¼ gelbe Paprikaschote evtl. entstielen, entkernen, abspülen, abtropfen lassen und in dünne Streifen schneiden. 50 g Sprossen (z. B. Radieschensprossen oder Sojabohnensprossen) verlesen, abspülen und gut abtropfen lassen. 2 Sonnenblumenkernbrötchen (je etwa 60 g) waagerecht halbieren und mit 20 g Butter bestreichen. Die unteren Hälften mit 100 g Putenbrustaufschnitt belegen und mit Pfeffer bestreuen. Dann die Paprikastreifen und Sprossen darauf verteilen und mit den oberen Brötchenhälften belegen (1 Snackbrötchen kostet etwa 1,50 Euro).

Pro Portion etwa

Zutaten:

50 g weiche Butter oder Margarine
75 g Zucker
1 Pck. Dr. Oetker Vanillin-Zucker
2 Eier (Größe M)
1 Prise Salz
2 EL Zitronensaft
500 g Magerquark
1 Pck. Dr. Oetker Saucenpulver
Vanille-Geschmack zum Kochen
300–350 g säuerliche Äpfel

Pro Portion:
E: 40 g, F: 29 g, Kh: 73 g,
kJ: 3032, kcal: 724, BE: 6,0

Quarkauflauf mit Äpfeln
Leibspeisenpotenzial

Dauert etwa 25 Minuten.
Garzeit: 25–35 Minuten,
für 2 Personen.

Pro Portion etwa

Zubereitung:

1. Den Backofen vorheizen.
Ober-/Unterhitze: etwa 200 °C
Heißluft: etwa 180 °C

2. Butter oder Margarine mit dem Mixer (Rührstäbe) auf höchster Stufe geschmeidig rühren. Nach und nach Zucker, Vanillin-Zucker, Eier, Salz, Zitronensaft und Quark unterrühren. Dann das Saucenpulver auf mittlerer Stufe unterrühren.

3. Äpfel schälen, vierteln und entkernen. Zwei Drittel der Äpfel in kleine Würfel, die andere Hälfte in Spalten schneiden. Apfelwürfel unter die Quarkmasse heben.

4. Die Masse in eine kleine Auflaufform (etwa 23 x 13 cm, gefettet) füllen und glatt streichen.

5. Die Apfelspalten auf dem Auflauf verteilen und evtl. etwas eindrücken. Die Form auf dem Rost (Mitte) in den vorgeheizten Backofen schieben. Den Quarkauflauf **25–35 Minuten garen.**

Tipps:

Wer mag, kann noch Rosinen (25 g, etwa 0,15 Euro) mit den Apfelwürfeln unterheben. Den Auflauf noch mit etwas Puderzucker bestäuben.
Als Dessert reicht der Auflauf für 4 Personen.

French Toast

Dauert etwa 20 Minuten,
für 2 Personen.

Oh là là ...

Zubereitung:

1. Die Äpfel schälen, vierteln, entkernen und in Spalten schneiden. Apfelspalten mit Zitronensaft, Zimt und Vanille-Zucker vermischen.

2. Das Ei mit der Milch in einem weiten Gefäß verschlagen, mit Salz würzen. Die Brotscheiben darin von jeder Seite gründlich eintauchen.

3. Von der Butter etwa 20 g in einer großen Pfanne zerlassen. Die Apfelspalten darin bei starker Hitze rundherum goldbraun braten. Die restliche Butter in einer zweiten Pfanne bei mittlerer Hitze zerlassen. Die Brotscheiben darin von jeder Seite etwa 2 Minuten goldbraun braten und herausnehmen.

4. French Toast mit den gebratenen Apfelspalten belegen, mit Honig beträufeln und dick mit Puderzucker bestäuben.

Auch lecker:

Für die deutsche und noch geldbeutelfreundlichere Variante **Arme Ritter** 50 ml Milch mit 1 Ei und 1 Esslöffel Zucker verschlagen. 4 Scheiben Kastenweißbrot (je etwa 1 ½ cm dick, 2–5 Tage alt) in eine Schale legen, mit der Eiermilch übergießen und einweichen lassen (dabei 1–2-mal vorsichtig wenden), bis die Milch aufgesogen ist (die Scheiben dürfen aber nicht zu weich werden). 1 Esslöffel Speiseöl in einer Pfanne erhitzen. Die Brotscheiben darin portionsweise bei mittlerer Hitze von beiden Seiten etwa 8 Minuten knusprig braun braten. Die Armen Ritter heiß servieren (bei 2 Portionen pro Portion etwa 0,70 Euro).

Zutaten:

2 Äpfel, z. B. Gala
1 EL Zitronensaft
1 TL gem. Zimt
1 Pck. Dr. Oetker Bourbon-Vanille-Zucker
1 Ei (Größe M)
50 ml Milch
1 Prise Salz
2 Scheiben Rosinenbrot (Rosinenstuten)
40 g Butter
2 EL flüssiger Honig
etwas Puderzucker zum Bestäuben

Pro Portion:
E: 6 g, F: 24 g, Kh: 56 g,
kJ: 1942, kcal: 163, BE: 4,5

Apfel-Milch-Reis
Wenn die Seele Süßes braucht

Dauert etwa 40 Minuten,
für 1 Person.

Pro Portion etwa
1 EURO 20 EURO CENT

Zubereitung:

1. Den Apfelsaft mit dem Honig in einem kleinen Topf verrühren und aufkochen lassen. Den Milchreis hineingeben, umrühren und zum Kochen bringen. Den Milchreis bei schwacher Hitze mit halb aufgelegtem Deckel etwa 30 Minuten quellen lassen, dabei gelegentlich umrühren (damit der Reis nicht anbrennt).

2. In der Zwischenzeit Apfel abwaschen, abtrocknen, vierteln und das Kerngehäuse entfernen. Apfelviertel erst in dünne Spalten schneiden, 3 Apfelspalten zum Garnieren beiseitelegen. Restliche Apfelspalten in kleine, mundgerechte Stücke schneiden. Zucker mit Zimt vermischen.

3. Die Apfelstücke unter den Milchreis rühren. Den Milchreis mit den beiseitegelegten Apfelstücken, dem Zimtzucker und den Rosinen kalt oder warm genießen.

Zutaten:

500 ml Apfelsaft
1 TL flüssiger Honig
125 g Milchreis (Rundkornreis)
1 Apfel (etwa 200 g)
1 EL Zucker
etwa ¼ TL gem. Zimt
1–2 EL Rosinen

Pro Portion:
E: 10 g, F: 1 g, Kh: 219 g,
kJ: 3973, kcal: 948, BE: 18,5

Tipps:

Der Milchreis schmeckt auch mit anderem Obst (frisch oder aus der Dose) oder mit Kompott.
Statt Honig die gleiche Menge Zucker nehmen.

Wie wäre eine fein-säuerliche Note?

Dann noch 1 Stück Bio-Zitronenschale (unbehandelt, ungewachst) mit dem Apfelsaft zum Kochen bringen. Die Zitronenschale vor dem Servieren entfernen.

Kein Rosinen-Fan?

Dann statt Rosinen Nüsse oder Kerne (Mandelstifte, Sonnenblumenkerne usw.) nehmen. Diese für ein intensives Aroma am besten zuvor noch in einer Pfanne ohne Fett unter Wenden anrösten.

Mehr Cremigkeit gewünscht?

Dafür zusätzlich 150 g Joghurt unter den Apfel-Reis rühren (etwa 0,20 Euro).

Lieber klassisch?

Statt Apfelsaft und Honig die gleiche Menge Milch und Zucker verwenden und den Milchreis wie im Rezept beschrieben zubereiten.

Schmeckt auch:

Für **Orangen-Reis** den Apfelsaft durch die gleiche Menge Orangensaft ersetzen. Statt des Apfels 1 Orange schälen, in Spalten teilen und in Stücke schneiden.

Zutaten:

4 Eiweiß (Größe M)
4 Eigelb (Größe M)
100 g Weizenmehl
1 Prise Salz
1 Pck. Dr. Oetker Vanillin-Zucker
200 g Schlagsahne oder
200 ml Milch
50 g Rosinen
etwa 50 g Butterschmalz oder
4 EL Speiseöl, z. B. Sonnenblumenöl
etwas Puderzucker

Pro Portion:
E: 22 g, F: 52 g, Kh: 70 g,
kJ: 3574, kcal: 854, BE: 6,0

Zubereitung:

1. Das Eiweiß steif schlagen.

2. In einer anderen Schüssel Eigelb mit Mehl, Salz, Vanillin-Zucker und Sahne oder Milch mit einem Mixer (Rührstäbe) zu einem glatten Teig verrühren. Eischnee und Rosinen unterheben.

3. Etwas Butterschmalz oder Speiseöl in einer Pfanne (Ø 28 cm) erhitzen. Die Hälfte des Teiges hineingeben, bei mittlerer Hitze auf der Unterseite hellgelb backen.

4. Den an der Oberfläche noch etwas „flüssigen" Teig mit 2 Pfannenwendern erst vierteln, dann wenden und goldgelb backen, dabei evtl. noch etwas Fett mit in die Pfanne geben.

5. Anschließend den Kaiserschmarren mit 2 Pfannenwendern in kleine Stücke reißen, auf einem Teller anrichten und warm stellen.

6. Den restlichen Teig auf die gleiche Weise zubereiten. Den Kaiserschmarren mit Puderzucker bestreuen.

Dazu passt:

1 Glas (etwa 370 g) Pflaumenkompott – das kostet zusätzlich pro Portion etwa 0,50 Euro.

Tipps:

Die Menge ist als Hauptgericht gedacht. Als Dessert reicht der Schmarren für 4 Personen.
Den Kaiserschmarren im vorgeheizten Backofen bei **Ober-/Unterhitze:** etwa 200 °C für **etwa 8 Minuten backen** – dann geht er schön auf.

Geht auch:

Kein Rosinen-Fan? Dann einfach weglassen oder 100 g Nuss-Nougat würfeln und statt der Rosinen zusammen mit 50 g gehackten Mandeln unter den Teig heben. Den Kaiserschmarren wie im Rezept beschrieben zubereiten (dann etwa 0,80 Euro pro Portion).

Kaiserschmarren
Süße Zeiten

Dauert etwa 30 Minuten,
für 2 Personen.

Zutaten:

500 g Joghurt (1,5 % Fett)
1 Bio-Zitrone (unbehandelt, ungewachst)
2 TL flüssiger Honig
2 Blatt weiße Gelatine
100 g Schlagsahne (mind. 30 % Fett)

Für die Heidelbeersauce:
100 g frische Heidelbeeren (ersatzweise leicht angetaute TK-Heidelbeeren)
50 ml roter Traubensaft
¼ TL gem. Zimt
1 EL (30 g) Johannisbeergelee

Pro Portion:
E: 12 g, F: 20 g, Kh: 38 g,
kJ: 1648, kcal: 394, BE: 3,0

Joghurtcreme mit Heidelbeersauce

Sommerlich Süßes für Schleckermäuler

Dauert etwa 20 Minuten, ohne Kühlzeit, für 2 Personen.

Zubereitung:

1. Den Joghurt in eine Schüssel geben. Zitrone heiß abwaschen und abtrocknen. Ein Stück Zitronenschale dünn abschneiden und für die Sauce beiseitelegen. Von der restlichen Zitrone etwa ½ Teelöffel Zitronenschale fein abreiben. Die Zitrone halbieren und 2 Esslöffel Saft auspressen.

2. Abgeriebene Zitronenschale, -saft und Honig zu dem Joghurt geben. Die Zutaten mit einem Schneebesen glatt rühren.

3. Gelatine nach Packungsanleitung einweichen. Die Gelatine leicht ausdrücken und in einem kleinen Topf bei schwacher Hitze unter Rühren auflösen. Die aufgelöste Gelatine zunächst mit etwa 3 Esslöffeln von der Joghurtmasse verrühren, dann unter die restliche Joghurtmasse rühren.

4. Die Sahne mit dem Mixer (Rührbesen) steif schlagen. Sobald die Joghurtmasse anfängt dicklich zu werden, die Sahne unterheben. Die Joghurtcreme in 2 Schalen füllen. Die Joghurtcreme zugedeckt etwa 3 Stunden in den Kühlschrank stellen.

5. Für die Sauce frische Heidelbeeren verlesen, vorsichtig abspülen und gut abtropfen lassen. Den Traubensaft in einem kleinen Topf zum Kochen bringen. Zimt und die beiseitegelegte Zitronenschale hinzufügen, Johannisbeergelee unterrühren.

6. Heidelbeeren (frische oder leicht angetaute TK-Beeren) hinzugeben und alles bei schwacher Hitze etwa 5 Minuten unter gelegentlichem Rühren köcheln lassen. Den Topf von der Kochstelle nehmen. Die Heidelbeersauce abkühlen lassen.

7. Die Zitronenschale aus der Beerensauce entfernen. Die Joghurtcreme mit der Beerensauce anrichten.

Umdrehungen gewünscht?

Dann den Traubensaft durch die gleiche Menge Rotwein ersetzen.

Leichtigkeit gewünscht?

Dann die Sahne einfach weglassen und auch beim Preis sparen – insgesamt etwa 0,20 Euro.

Wintervariante:

Für eine **Orangen-Zimt-Joghurtcreme** 500 g Joghurt (1,5 % Fett) mit je 2 Teelöffeln Honig und Dr. Oetker Finesse Orangenschalen-Aroma sowie etwa ½ Teelöffel gemahlenem Zimt glatt rühren. 2 Blatt Gelatine wie im Rezept beschrieben einweichen, auflösen und darunter ziehen. 100 g steif geschlagene Sahne unterheben. Die Orangen-Zimt-Joghurtcreme wie beschrieben in Schalen oder Tassen füllen und kühlen. Die Joghurtcreme mit ausgelösten, halbierten Orangenfilets garnieren (pro Portion etwa 0,90 Euro).

Fertiggerichte tunen

Tüte aufgerissen und den Salat sofort in der Schüssel angemacht, Kartoffelbrei mit kochendem Wasser angerührt oder gleich das komplette Essen in der Aluschale zum Aufwärmen in die Mikrowelle geschoben. Fertigprodukte sind ungemein praktisch und ab und zu durchaus in Ordnung. Aber auch beim sogenannten Convenience-Food gilt: Vielseitig essen und mit möglichst frisch-bunten Lebensmitteln aufmotzen. Da blühen nicht nur die Geschmacksknospen auf, sondern auch der gesundheitliche Nutzen kommt nicht zu kurz. Mit ein paar Tipps lassen sich Fertiggerichte im Nu herrlich herausputzen:

Aus dem Kühlregal ...

- **Fertigsalate** enthalten meist Mayonnaise und davon leider viel zu viel. Deshalb mit fettarmem Joghurt und Gemüsestückchen (frisch oder tiefgekühlt, evtl. vorgegart) verlängern. Schmeckt frischer und ist gesünder.
- **Nudel- oder Kartoffelsalate** schmecken mit ein paar frischen Zwiebelwürfeln, Apfelstückchen, Gurken- und/oder Eierscheiben, Schnittlauchröllchen oder Basilikumstreifen, Speckwürfeln, Käseraspeln usw. gleich viel viel besser.
- **Fertig abgepackte, geputzte Salate** aus der Kühlung sind praktisch, aber wegen möglicher Keimbelastung nicht unbedingt gesund. Daher nur selten kaufen und dann nur ganz frischen Salat, der nicht schon morgen das Mindesthaltbarkeitsdatum erreicht hat. Den Salat auf jeden Fall noch mal gründlich mit kaltem Wasser abspülen und abtropfen lassen – auch wenn „verzehrfertig" drauf steht. Den Salat nach Geschmack mit Käsestreifen, Eierscheiben, Dosenmais, fertig gegarten Hähnchenbruststreifen, Tunfisch- oder Wurststücken, Nüssen oder Samen kombinieren und mit ein paar tiefgekühlten Kräutern verfeinern.
- **Kartoffelgerichten** wie Bratkartoffeln, Schupfnudeln oder Klößen mit frischen Kräutern einen Vitaminstoß geben. Viele lassen sich statt in der Pfanne auch im Backofen zubereiten.
- **Pfannkuchen** aus dem Kühlregal schmecken erstaunlich gut und sind wahre Verwandlungskünstler. Für süße Kombinationen Ahornsirup, Honig, Mandel-, Nuss-Nougat-Creme oder Marmelade daraufstreichen oder einfach mit Zimtzucker bestreuen. Herzhaft werden sie durch geriebenen Käse, frische Gemüsewürfel, Joghurt- oder Quarkdip und gehackte Kräuter. Aufgerollt, einmal halbiert und in Butterbrotpapier gewickelt werden sie zu transportgeeigneten Wraps.
- **Fertigteige** aus dem Kühlregal sind eine durchaus akzeptable Alternative zum Selbermachen. Pizza- oder Flammkuchenteige zum Beispiel lassen sich nach eigenem Gusto belegen. Fertige Tomatensauce, ein paar frische Zutaten, Käse, dazu Kräuter, Salz und Pfeffer. Flammkuchenteig mit saurer Sahne oder Crème fraîche bestreichen, mit ein paar Zwiebel- und Schinkenwürfeln (gibt es fertig geschnitten und günstig im Kühlregal) bestreuen, mit Salz und Pfeffer würzen und nach Packungsanleitung backen. Oder mal schicker: Einfach ein paar dünne Scheiben Ziegenfrischkäse auf die saure Sahne oder Crème fraîche legen, salzen, pfeffern und ab in den Ofen. Zum Servieren mit etwas vorbereitetem Rucola und Preiselbeermarmelade aufmotzen.
- **Gefüllte Nudeln** gibt es mittlerweile in einer großen Auswahl im Kühlregal. Sie sind richtig schnell fertig und schmecken pur mit etwas Sauce, angebraten mit ein paar Zwiebeln oder als Suppeneinlage.

Tüten-Suppen, Fix-Gerichte & Co ...

- **Suppen & Co.** aus der Tüte mit einer Extra-Portion Gemüse Geschmack, Frische und Vitalstoffe einhauchen. Das gelingt mit TK-Suppengrün oder -Gemüse wie Möhren, Bohnen, Blumenkohl oder Champignons. Edel wird manches Süppchen durch ein paar Räucherlachsstreifen oder Garnelen, schön scharf mit Harissa oder Tabasco. Auch klein gewürfelte, hart gekochte Eier, geröstete Kerne oder Nüsse werten Instant-Süppchen garantiert auf. Neue Geschmacksnuancen liefern auch frisch gepresster Zitronen-, Limetten- oder Orangensaft und/oder Gewürze wie Ingwer, Muskatnuss, Koriander oder Paprikapulver. Just taste it!
- **Kartoffelpüree** aus der Tüte mit Kräutern oder frisch angebratenen Zwiebelstreifen abschmecken. Wer mag, hebt vorgegarte TK-Erbsen, Möhrenwürfel oder kleine Paprikastücke unter das Kartoffelpüree.

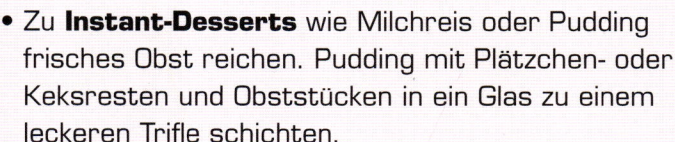

- Zu **Instant-Desserts** wie Milchreis oder Pudding frisches Obst reichen. Pudding mit Plätzchen- oder Keksresten und Obststücken in ein Glas zu einem leckeren Trifle schichten.

Wichtig: Essen in Pulverform, dass nur noch mit heißem Wasser aufgegossen werden muss, funktioniert garantiert nicht ohne Zusatzstoffe, daher nur selten „kochen".

Dosenfutter ...

- Unschlagbar sind **Tomaten und Gemüsemais** aus der Dose. Sie verlieren kaum an Nährstoffen, Biss und Geschmack. Besonders Dosentomaten sind aromatechnisch nicht zu schlagen, besonders wenn sie gegen die winterliche Treibhausware antreten.
- **Hülsenfrüchte** wie Bohnen, Linsen oder Kichererbsen aus der Dose ersparen das stundenlange Einweichen der getrockneten Pendants. Auf Dosenerbsen aber lieber komplett verzichten. Die schmecken tiefgekühlt erstens besser und punkten zweitens mit mehr Nährstoffen.
- **Ravioli** gehören zu den beliebtesten Nudelgerichten aus der Dose. Ein paar Vitamine und Mineralstoffe mehr sind hier aber äußerst wünschenswert. Dafür klein geschnittenes Gemüse wie Frühlingszwiebeln, Möhren, Paprika, Petersilienwurzel und/oder Sellerie mit in der Sauce garen.
- **Dosen-Eintöpfe oder -Suppen** stillen schnell die Lust auf Muttis Hausmannskost. Bestimmt schmeckt's – je nach Gericht – noch besser mit Suppennudeln, Reis, kleinen Würstchen, Cabanossistücken. Einfach hinzufügen und mitgaren. Oder einfach ein paar Kerne oder Nüsse rösten und darüberstreuen.

Tiefkühlkost ...

- **Pizza** ist der Verkaufsrenner unter den Tiefkühlgerichten. Wer mag, gibt vor dem Backen noch frisches Gemüse wie Tomatenscheiben, Paprika- oder Zwiebelstreifen oder geputzten Rucola – letzteren erst 3–5 Minuten vor Garzeitende – auf die Pizza. Auch ein paar frische Kräuter machen sich immer gut. Die klassische Pizza Margarita ist meist am preisgünstigsten. Belegt mit frischer Salami und/oder Schinken wird daraus schnell die neue Lieblingspizza.
- Tiefgekühltes **Gemüse** ist immer besser als Gemüse aus der Dose. Der Vitamingehalt ist vergleichbar mit frischer Ware und teilweise sogar höher, da das Gemüse direkt vom Feld verarbeitet und gleich gefrostet wird. Hier idealerweise immer die „puren" Sorten ohne zusätzliche Fette und Gewürze kaufen. Mit etwas Wasser, Gewürzen und Kräutern ist schnell was Warmes auf dem Tisch.
- Tiefgekühltes **Obst** ist eine gute und preiswerte Alternative für den Winter. Beerenfrüchte sind schnell aufgetaut und pimpen Müsli, Quark oder Joghurt. Oder nur leicht angetaute Beeren mit etwas Milch zu einem erfrischenden Shake oder Smoothie pürieren. Für ein Eis statt Milch Joghurt oder Quark nehmen.
- Tiefgekühlte **Kräuter** sind Ideal, wo Frische und Grün fehlt. Mit Quark, Joghurt oder Frischkäse sowie etwas Salz und Pfeffer lässt sich ruck-zuck ein leckerer Dip zu frisch gekochten Kartoffeln, Gemüsesticks oder als Grillbeilage anrühren.

Kapitelregister

Alphabetisches Register

Für Fragen, Vorschläge oder Anregungen stehen Ihnen der Verbraucherservice der Dr. Oetker Versuchsküche
Telefon: 00800 71 72 73 74 Mo.–Fr. 8:00–18:00 Uhr, Sa. 9:00–15:00 Uhr (gebührenfrei in Deutschland) oder die Mitarbeiter des Dr. Oetker Verlages
Telefon: +49 (0) 521 52 06 51 Mo.–Fr. 9:00–15:00 Uhr zur Verfügung.

Oder Sie schreiben uns an
Dr. Oetker Verlag KG, Am Bach 11, 33602 Bielefeld oder besuchen uns im Internet unter www.oetker-verlag.de oder www.oetker.de.

Umwelthinweis Dieses Buch und der Einband wurden auf chlorfrei gebleichtem Papier gedruckt. Die Einschrumpffolie – zum Schutz vor Verschmutzung – ist aus umweltfreundlichem und recyclingfähigem PE-Material.

Copyright © 2012 by Dr. Oetker Verlag KG, Bielefeld

Redaktion Christina Langner

Innenfotos Antje Plewinski, Berlin (S. 4/5, 9, 10, 14–16, 19, 20/21, 23, 27, 28, 33, 35, 37, 39, 42– 62, 65–73, 76/77, 82, 86, 90)
Andreas F./Fotolia.com (S. 93)
Fotostudio Diercks (Thomas Diercks, Kai Boxhammer, Christiane Krüger), Hamburg (S. 13, 41, 74, 81, 89)
Jakub Krechowicz/Fotolia.com (S. 6, 94)
Janne Peters, Hamburg (S. 24, 30/31, 78, 85)

Rezeptentwicklung Irmgard Radke, Calden

Foodstyling Anke Rabeler, Berlin

Nährwertberechnungen Nutri Service, Hennef

Grafisches Konzept, Satz und Gestaltung kontur:design, Bielefeld

Reproduktionen Mohn Media Mohndruck GmbH, Gütersloh

Druck und Bindung G. Canale & C., Turin

ISBN: 978-3-7670-0994-3